U0152024

先秦八家學述

田鳳台著

文史哲學集成
文史哲出版社印行

先秦八家學述 / 田鳳台著 -- 初版 -- 臺北
市：文史哲, 民 100.08.BOD
頁；　公分（文史哲學集成；80）
參考書目：頁
ISBN 978-957-547-288-7 (平裝)

1. 先秦哲學 － 評論

121

文史哲學集成　80

先秦八家學述

著　者：田　鳳　台
出版者：文　史　哲　出　版　社
http://www.lapen.com.tw
e-mail:lapen@ms74.hinet.net
登記證字號：行政院新聞局版臺業字五三三七號
發行人：彭　正　雄
發行所：文　史　哲　出　版　社
印刷者：文　史　哲　出　版　社
臺北市羅斯福路一段七十二巷四號
郵政劃撥帳號：一六一八〇一七五
電話886-2-23511028・傳真886-2-23965656

實價新臺幣三八〇元

中華民國七十一年（1982）十月初版
中華民國一百年（2011）八月 BOD 版

ISBN 978-957-547-288-7　00080

自序

春秋戰國之際，百家騰踴，學說發皇，九流十家之說，並馳當世，誠中國之學術黃金時代。然世代邈遠，典籍湮沒，十家之中，惟儒、道、墨、法四家之學，不惟其書較完，而此四家諸子，亦傲然卓立千古者也。其餘諸家，其說雖存，其書殘而不全，或竟散佚，僅賴輯取他書，以見其學。而先秦雜家之學，其書雖備，然作者又不可考，其說要亦集諸家之學，而鮮少創意也。

余年少格於世亂，輟學從戎。來台後軍旅生涯，未能恣意於典籍。至中歲卸戎裝，復憤志於學，游道上庠，得窺治學之門徑，先後完成王充論衡研究及呂氏春秋研究二書。而王充論衡，其學以儒、道、爲大宗，博其辯說，泛引古籍，卓立於漢代之世，以結先秦子書之局。而呂氏春秋，乃不韋集賓客所著，綜百家之學，以貫治道，集成於先秦之世，以啟雜家之先聲。斯二書者，固導余寖淫先秦子籍之淵源也。

余於執教之暇，於先秦諸子之學，其好未懈。蓋諸子之學，其思富，其意創；其文宏肆，其說博辯，修之於己可以持身，用之於世可以兼善，研之於理可以啟思，運之於筆可以暢文。此其所以爲中國典籍中之瑰寶，學術淵源之林藪也。

今於先秦諸家之中，擇其八子，於儒取孔、孟、荀三家，於道取老、莊二家，於墨取其鉅子，法則取管，韓二家，蓋管則取其先導，韓則取其集成。其餘申不害、愼到、商鞅之說，不能出其外者也。斯八家者，其書完，其說備，誦研之餘、札其勝義，歷時三載，積卡盈尺，得便之暇，稽以他籍，條分而類析之，探其奧義，繹暢其說，以成此書，題其名曰先秦八家學述。

本書大旨，重在析其學而不在考其人。而八家之學，取塗雖異，旨歸則一，大要以探天道性命之奧，人生道德之倫，治人理政之本，成人化材之敎。故其區目，類皆大同。惟儒家以敎化爲倡，故別立敎育論。老莊不以授徒爲業，其學在追求眞知之理，故曰認知論。墨家規嚴，門徒以紀律爲先，故曰紀律論。法家之學，以法治爲本，富强是尙，富則以財，强則以兵，故有法治、財經、軍事諸論，此皆就其所重以析其學，限於篇幅，非曰盡之，蓋取其大端也。疏漏之處，尙祈大雅，不吝以敎之。

目錄

第一章　孔子學述……一
壹　形上論……二
貳　人生論……七
叁　教育論……一八
肆　政治論……三〇
第二章　孟子學述……三七
壹　形上論……三八
貳　人生論……四六
叁　教育論……五八
肆　政治論……六五
第三章　荀子學述……七一

壹、形上論……七二
貳　人生論……八三
叁　教育論……八九
肆　政治論……九五
第四章　老子學述……一〇五
壹　形上論……一〇六
貳　人生論……一一一
叁　政治論……一二四
肆　認知論……一三三
第五章　莊子學述……一三七
壹　形上論……一三九
貳　人生論……一五〇
叁　政治論……一六〇
肆　認知論……一六九
第六章　墨子學述……一七三
壹　形上論……一七五

貳 人生論……一八三
參 政治論……一九一
肆 紀律論……二〇三
章七章 管子學述……二〇七
壹 政治論……二〇九
貳 法治論……二一九
參 財經論……二二八
肆 軍事論……二三五
第八章 韓非學述……二四一
壹 人性論……二四二
貳 法治論……二四七
參 政治論……二五六
肆 富强論……二六八
參考書目……二七三

第一章　孔子學述

孔子名丘，字仲尼。生魯陬邑昌平鄉，其先出於宋。父名紇，字叔梁。娶魯之施氏，生九女，其妾生孟皮，病足，乃求婚顏氏女徵在，禱於尼丘生孔子，因而名丘字仲尼。年少好禮，爲兒戲，嘗陳俎豆，設禮容。十五而有志於學。少貧且賤，年二十，仕於魯，爲委吏，則料量平。翌年，爲乘田，而畜蕃息。及長，明周公之禮，學先王之道。是時，官師失守，私學繼興，首開私人講學之風。孟懿子與南宮敬叔師事之。又嘗適周，問禮於老聃。自周返魯，弟子遂益進焉。

及魯有季氏之亂，昭公奔齊，孔子去魯適齊，終不得志，復返乎魯，不仕而設教，弟子彌衆。後魯定公以孔子爲中都宰，一年，四方皆則之。由中都宰爲司空，由司空爲大司寇。相魯君與齊侯會於夾谷，以禮折齊，得歸田焉。後由大司寇攝相事，與聞國政，誅亂政大夫少正卯；又以三家都城逾制，主墮之。聞政三月，魯國大治。齊侯懼，遺魯女樂，季桓子受之，三日不朝，孔子去魯。率弟子周遊衞、曹、宋、鄭、陳、蔡、楚諸國，凡十四年。嘗斥乎齊，逐乎宋，畏於匡，遭難於桓魋，絕糧於陳蔡，更受微生畝、晨門、荷簣、接輿、長沮、桀溺等人之譏諷，終生棲棲遑遑，不得行其道。終返乎魯，魯亦不能用，於是退而講序詩書，正禮樂，晚而喜易，讀易韋編三絕，因魯史而作春秋，筆削文辭，以寓褒貶。以詩書禮樂教弟子，蓋三千焉，身通六藝者七十有二人。生魯襄公二十二年（周靈王二十一年），以魯哀公十六年四月己丑卒（周敬王四十一年）。年七十三，葬於洙水。以其畢生貢獻教育，故後代尊稱為大成至聖先師焉。

中國文化以儒家為中心，儒家以孔子為宗師，然孔子之學，其淵源何在？中庸不云乎：「仲尼祖述堯舜，憲章文武。」（中庸三十章）簡言之，卽孔子之道，乃發揚堯舜、禹湯、文武、周公之道。故其道統，是上承堯舜，至其身而集其大成。於整體中華文化中，其地位崇高，承先啟後，影響深遠。故曰：「天不生仲尼，萬古如長夜。」然由於其道博大精深，恢宏萬有，古今研之者，思於一文一書中能提綱挈領得其全者，蓋不多見；況欲纖細剖析，表裏精粗無不至者，迄未之見。故顏淵喟然嘆夫子之道，「仰之彌高，鑽之彌堅，瞻之在前，忽焉在後。」（子罕）子貢謂「夫子之牆高數仞，不得其門而入，不見宗廟之美，百官之富，得其門者或寡矣。」（子張）皆非無由之發。本篇所析，亦僅就代表孔子思想之論語，條其大端而述之如后焉。

壹　形上論

孔子乃人生論者，鮮注重人生以外之事，故其思想，多屬人生道德之事，玄渺之宇宙與天道，論之者甚鮮。蓋以天道性命，玄虛難及，知之而不能盡，盡之而不能制，人對此種知識，惟默而識之，順而受之，故其思想與學術，以明人倫，修身與齊家，治國平天下，經世濟民爲要務，不以懸空立說，以探求宇宙之哲理爲本務，其天道性命鬼神之道，於論語中述及者，蓋如下焉：

一、天道觀

孔子所言之天道，仍因襲殷商以前之觀念，加以人格化而已。謂天乃人之主宰者，左右人之禍福，天有人格，有意志，代表普遍不變之眞理，具有權威性與神明性。論語中記孔子言天之辭者，其性質略如下述：

㈠主宰性

「獲罪於天，無所禱也。」（八佾）

「天生德於予，桓魋其如予何？」（述而）

「天之將喪斯文也，後死者不得與於斯文也；天之未喪斯文也，匡人其如予何？」（子罕）

「顏淵死。子曰：噫！天喪予！天喪予！」（先進）

㈡公正性

「子見南子，子路不悅。夫子矢之曰：予所否者，天厭之！天厭之！」（雍也）

「子疾病，子路使門人爲臣。病閒曰：久矣哉！由之行詐也，無臣而爲有臣，吾誰欺，欺天乎？」（子罕）

「不怨天，不尤人，不學而上達，知我者其天乎？」（憲問）

㈢指導性

「天何言哉！四時行焉，百物生焉，天何言哉！」（陽貨）

故孔子在論語中所言之天，就其主宰性言，乃至高無上，具有權威性，其所賦於人者，他人不能奪；其所取於人者，己亦不能爭；若獲罪於天，卽禱之無益。就其公正性言，天乃眞理之代表，爲人類行爲是非判斷之準則，故人可欺，而天則不可欺。凡吾人之行爲之不能諒於人者，必指天爲誓，蓋在常人心目中，天有其公正性也。就其指導性言，天雖默而不言，然其有人格，有意志，天地萬物之生育，四時大序之運行，皆在其潛移默化中而推運不息。孔子之重複述天不言者，正以其不言而行也。故曰：「天行健，君子以自强不息。」是以孔子之天道觀，蓋徘徊上述意義之間，辭說雖簡，而意旨亦頗深微。此子貢所以有嘆「夫子之言性與天道，不可得而聞」之故也。

二、性命說

性命之說，其爲理亦深奧，非常人所能聞，故夫子罕言之。在論語中，夫子論性之說，僅在陽貨篇云：「性相近也，習相遠也。」故孔子言先天之性，主性相近也；後天之性，主習相遠也。後世論性之說，或主性善，或主性惡，議論莫定，蓋孟子所見者孔子所謂先天之性，荀子所見者孔子所謂後天之性，僅得其一端，不若孔子持說之平也。故人之性，善惡不齊，或相倍蓰，或相什百，或相千萬，惟上智與下愚不移，此孔子論性之說。至於命，在論語一書中，有連言天命者，有單言命者，其所代表之意義，係天賦於人自然之理極，人之成敗得失，生死禍福，皆由此最高理極之裁正，為之指導，故凡人事上不可理解之事物，悉歸之於命運。論語中言天命與命之處，具有以下之特性焉。

㈠不可爭性

「伯牛有疾，子問之，自牖執其手。曰：亡之命矣夫！」（雍也）

「道之將行也與，命也！道之將廢也與，命也！公伯寮其如命何？」（憲問）

㈡知命之難

「五十而知天命。」（為政）

「不知命，無以為君子也。」（堯曰）

㈢畏命之嚴

「君子有三畏，畏天命，畏大人，畏聖人之言。」（季氏）

孔子對命之態度，以為天命是人生行事所歸依之終極理則，其理深奧難知，非飽經世故，不能理解，知之始可為君子。然人無不於默默中接受命運之安排，人如不能知命，強欲與之爭，終亦有其不可超越之道，故人必畏天命之嚴，敬慎其業，不怠不惰，求諸於己，以盡性命之道，其終不能勝者，則安而順之，此種盡己順命之態度，殆最能洽和天道與人道之際，而無扞隔不通之塞焉。

三、鬼神論

鬼神之觀念，玄妙莫測，人死爲鬼乎？不爲鬼乎？常人心中，懸疑難明，蓋其爲道，極難肯定。若謂其有，何證其實；若謂其無，焉定其虛；而載籍所記，言之歷歷，此一超現實之問題，前賢多抱存而不論之態度。中庸卽云：「鬼神之爲德，其盛矣乎！視之而弗見，聽之而弗聞，體物而不可遺。」（中庸十六章）在論語中，孔子對鬼神之存在，旣未肯定，亦未否定。惟採敬而遠之之道。其立論之內容，於以下諸說中見之：

㈠不言其有

「子不語，怪力亂神。」（述而）

「季路問事鬼神。子曰：未能事人，焉能事鬼。敢問死？曰：未知生，焉知死。」（先進）

㈡不言其無

「非其鬼而祭之，諂也。」（爲政）

「子疾病，子路請禱。子曰：有諸？子路對曰：有之。誄曰：禱爾于上下神祇。子曰：丘之禱久矣。」（述而）

「子謂仲弓曰：犂牛之子，騂且角，雖欲勿用，山川其舍諸。」（雍也）

「禹，吾無間然矣，非飲食，而致孝乎鬼神。」（泰伯）

㈢禮神之道

「愼終追遠，民德歸厚矣。」（學而）

「祭如在，祭神如神在。吾不與祭，如不祭。」（八佾）

「務民之義，敬鬼神而遠之，可謂知矣。」（雍也）

故以孔子之言觀之，孔子仍爲有神論者，其不言者，以人道邇，鬼神之道遠也。然以孔子所言測之，孔子之有神論，似非一神論，故有山川諸神。既爲有神論，則孔子對禮神之態度，主張出於敬，蓋鬼神之道，洋洋乎如在其上，如在其左右。故詩曰：「神之格思，不可度思，矧可射思。」然人禮神之道，乃心存神明鑒己之嚴，故曰：「十手所指，十目所觀，其嚴乎！」人能心存神明鑒己之嚴，其於修己者亦多益乎！至於敬鬼之道，敬祖之義也。敬祖之義，原在飲水思源，以示不忘本之道。如不莊敬以莅之，則如不祭。然世之事鬼神者，以爲鬼神萬靈，禱之必欲降福，禳之必欲去災，此亦非事鬼神之道，孔子告以敬鬼神而遠之者，謂不必迷而諂之也。人之行爲，能質諸鬼神而無疑，以事人之道事鬼，以事生之道事死，則得之矣。

貳　人生論

中國文化，特別重視倫理與道德。孔子乃中國文化之代表者，故對倫理道德之學，闡之惟恐不盡。其德目雖分之萬殊，實際上皆歸本於仁。在論語五百零一章中，論及「仁」字有五十九章，「仁」字共出現一百零九次，其對「仁」之重視，於此可見。近人蔡元培即云：「孔子所言之仁，乃統攝諸德，完成人格之名。」（中國倫理學史）梁啟超釋孔子之仁爲「同情心」（先秦政治思想史）胡適以孔子之仁，「爲能盡人道。」（中國古代哲學史）馮芝生以孔子之仁，「爲全德之名。」（中國哲學史）是皆以孔子學說，以「仁」爲總綱，其他一切德目，皆可以「仁」涵攝之，無仁則諸德皆落空。然考「仁」字一字，說文：「仁，親也，从二人，會意。猶言與人相處也。」中庸曰：「仁者，人也。」（二十章）鄭注曰：「仁，相人耦也。」是皆言「仁」乃人與人相處之道。無人際之關係，則「仁」之道不顯。人際關係之道，不外五類，即中國之五倫，中庸所謂天下之達道五：「即君臣也，父子也，夫婦也，昆弟也，朋友之交也。」故「仁」字之實踐，須透過倫理。故一部論語，謂之爲倫理道德哲學亦無不可。講道德則以「仁」統之，然踐仁之道，則以倫常爲之通路，玆先就「仁」統諸德一點以考察之：

一、道德論

㈠仁與孝道

「君子務本，本立而道生，孝弟也者，其爲仁之本與。」（學而）

「宰我問三年之喪，期已久矣。」孔子斥之曰：「予之不仁也。」（陽貨）

㈡仁與禮樂

「人而不仁如禮何？人而不仁如樂何？」（八佾）

「顏淵問仁？子曰：克己復禮爲仁。」（顏淵）

㈢仁與知勇

「里仁爲美，擇不處仁，焉得知。」（里仁）

「仁者必有勇，勇者不必有仁。」（子路）

㈣仁與忠恕

「微子去之，箕子爲之奴，比干諫而死。孔子曰：殷有三仁焉。」（微子）

「夫仁者，己欲立而立人，己欲達而達人，能近取譬，可謂仁之方也已。」（雍也）

㈤仁與恭敬

「仲弓問仁。子曰：出門如見大賓，使民如承大祭。」（顏淵）

「樊遲問仁。子曰：居處恭，執事敬，與人忠。」（子路）

㈥仁與他德

「剛毅木訥近仁。」（子路）

「子張問仁於孔子。孔子曰：能行五者於天下爲仁矣。請問之。曰：恭、寬、信、敏、惠。」（

陽貨）

仁旣爲諸德之全稱，則以一人之身，欲備諸德之全，則世罕有其人。故在論語中，孔子對子由、冉求、仲弓、公西赤、令尹子文、陳文子諸人，人問之仁乎？孔子則不輕許之。其高足顏回、孔子僅讚「其心三月不違仁。」若其餘諸子，則僅「日月至焉而已矣。」卽夫子本人，亦自謙曰：「若聖與仁，則吾豈敢，抑爲之不厭，誨人不倦，則可謂云爾已矣。」（述而）此孔子以「仁」爲做人之最高準則，人之言行操持，亦可以仁測之：

㈠仁與言語

「巧言令色，鮮矣仁。」（學而）

「仁者其言亦訒。」（子路）

㈡仁與操持

「不仁者，不可以久處約，不可以長處樂。」（里仁）

「唯仁者，能好人，能惡人。」（里仁）

「苟志於仁矣，無惡也。」（里仁）

「君子無終食之間違仁，造次必於是，顚沛必於是。」（里仁）

㈢仁與力行

「仁遠乎哉？我欲仁，斯仁至矣。」（述而）

「有能一日用其力於仁者，我未見力不足也。」（里仁）

㈣仁與濟世

「子貢曰：如有博施於民，而能濟衆，何如？可謂仁乎？子曰：何事於仁，必亦聖乎！堯舜其猶病諸。」（雍也）

「子貢曰：管仲非仁者與？子曰：管仲相桓公、霸諸侯，一匡天下，民到于今受其賜，微管仲，吾其被髮左衽矣。」（憲問）

故觀「仁」之道，小至語言之末，大至安邦濟世，皆爲衡「仁」之則。蓋孔子以人生在世，雖不能成其全德之仁，然如能用力行仁，則「我欲仁，斯仁至矣。」吾人雖不皆能行救世濟國之大仁，然亦可行助人愛人之小仁。譬如見老弱以扶助之，見孺子將入井而抱持之，則人能行之，其爲「仁」與濟世之「仁」雖有分量之輕重，大小之不同，然其行仁之本質則一。所謂「賢者成其大者，不賢者成其小者。」又所謂「小德川流，大德敦化。」正此理也。

二、倫理觀

倫理卽倫類，乃明人倫之理，亦卽人際關係之道也。中國聖賢載籍中所謂之五倫，卽「父子有親，君臣有義，夫婦有別，長幼有序，朋友有信。故倫理偏重人際之關係，道德偏重人之言行。故父子、君臣、夫婦、長幼、朋友是五倫。親、義、別、序、信則是五德。在論語中，雖無專文以釋其義，然於全書諸章節中，仍可窺其大端也。

㈠父子有親—父子一倫，古以「親」釋其相與之道。蓋父子之關係，不同於其他之倫類，乃天性血緣之關係，非對等對待之關係。雖有父慈子孝之義，然絕非「子孝」則「父慈」，子「不孝」則父「不慈」。亦非「父慈」則「子孝」，父「不慈」則子「不孝」。故在論語中，孔子於父子一倫，言爲父之道，僅見於顏淵一篇中云：「父父」。「父父」者，父當盡父道也。然於子道，孔子則不厭其煩闡述之。子道爲何？卽孝道：

「弟子入則孝，出則弟。」（學而）

「父在親其志，父沒觀其行，三年無改於父之道，可謂孝矣。」（學而）

「孟懿子問孝。子曰：無違。又云：「生，事之以禮；死，葬之以禮，祭之以禮。」（爲政）

「孟武伯問孝？子曰：今之孝者，是謂能養，至於犬馬，皆能有養，不敬何以別乎？」（爲政）

「子夏問孝。子曰：色難。有事弟子服其勞，有酒食，先生饌，曾是以爲孝乎？」（爲政）

「父母在，不遠遊，遊必有方。」（里仁）

「事父母幾諫，見志不從，又敬不違，勞而不怨。」（里仁）

孔子於弟子問孝道，其應答雖不同，或係因材施教，但其意則一。蓋孝道無盡，爲人子者，必當「順意承志，善盡子責」則一。父母之對子女，寬嚴雖有別，愛之則無分，所謂天下父母心，爲人子必當善體父母之苦心，其孝心不當因父母一時對己之喜怒，而有所移易，而有所差別。所謂「親恩似海」，報之無盡。孔子雖鮮言父道，或以父道即寓子道之中，蓋能善孝父母者，亦必能善慈其子女也。

㈡君臣有義—君臣一倫，古以「義」釋其相與之道。義者，宜也。謂恰如其分也。君臣之倫，非緣於血親，乃緣於職分，乃相待之關係。故曰：「君君、臣臣。」必「君君」，然後「臣臣」，君如不君，則臣有無道之譏。臣如不臣，則君有叛逆之責。惟相與之義，各盡其分，方是常道。論語中論君臣之道云：

「事父母能竭其力，事君能致其身。」（學而）

「君使臣以禮，臣事君以忠。」（八佾）

「居上不寬，爲禮不敬，……吾何以觀之哉。」（八佾）

所謂大臣者，以道事君，不可則止。」（先進）

「子路問事君。子曰：勿欺也，而犯之。」（憲問）

「事君敬其事而後其食。」（衛靈公）

「子謂子產，有君子之道四焉。其行己也恭，其事上也敬。」（公冶長）

故君臣之道，孔子責君道者有二：曰禮，曰寬。責臣道者曰忠，曰誠，曰諫，曰敬。君雖居上位，然使臣之道，不可慢之以禮；慢臣之道，招怨僨事之機也。居上必寬者，蓋以寬則能容衆，能得衆也。爲人君者，乃表率羣倫，必能包容羣倫，否則偏狹自限，不能容衆則亦不能得衆也。其責臣下者，即對事必忠，對君必誠，敬其事，愼其職，君上有過，則犯顏而諫，不可則止也。

㈢長幼有序－長幼一倫，古以「序」釋其相與之道。序者，次序也。卽言長幼之道，其序不可亂也。吾人常責人，謂此人，無長幼，無小大，卽云其不懂序道，目無長上，言行則越矩。孔子常以父兄連稱，則兄之地位，僅次於父。而長幼之道，亦卽昆弟之道，故孔子云：「弟子入則孝，出則弟。」則弟道不僅是對兄長而言之，亦包括對一般長上之恭敬，故曰：「孝弟而好犯上者鮮矣，不好犯上而好作亂者，未之有也。」（學而）論語中言及弟道者：

「或謂孔子曰：子奚不爲政？子曰：書云：孝乎，惟孝友于兄弟，施於有政，是亦爲政，奚其爲爲政。」（爲政）

「出則事公卿，入則事父兄。」（子罕）

「有父兄在，如之何其聞斯行之。」（先進）

子貢問士，孔子答以：「宗族稱孝焉，鄉黨稱弟焉。」（子路）

子路問士，孔子答以：「朋友切切偲偲，兄弟怡怡。」（子路）

「長幼之節，不可廢也。」（微子）

孔子責原壤：「幼而不遜弟。」（憲問）

故弟道之義，事長之道。大學云：「弟者所以事長也。」（十章）事長之道，若事父兄，對父應盡孝道，對兄長則應盡弟道。弟道之義，以序爲先，如行路，則讓長者先行；入席，則讓長者居上；行事，則必請諸父兄；此種儀節，不可以其微而廢之，廢之，則慢生於心，慢則驕，驕則亂，惟能謹

其序者，則宗族稱孝，鄉黨稱弟，然後長幼和順，此詩之所謂「兄弟既翕，和樂且忱」之道也（詩小雅棠棣）

㈣朋友有信—朋友之道，古以「信」釋其相與之道。信者，不欺也。人與人相處，以誠實相見，雖不能得一時之諒解，最後明其不欺己，仍能以誠相服之。在論語中，忠信常連稱，蓋忠信之道，與人相處之首要。曾子云：「吾日三省吾身，為人謀而不忠乎？與朋友交而不信乎？」（學而）又孔子云：「言忠信，行篤敬，雖蠻貊之邦行矣；言不忠信，行不篤敬，雖州里行乎哉！」（衞靈公）故忠信為立人之大節。為政篇卽云：「人而無信，不知其可也，大車無輗，小車無軏，其何以行之哉。」信道之與友人，豈不大矣哉！論語中論朋友之道云：

「主忠信，毋友不如己者。」（學而）

「有朋自遠方來，不亦樂乎？」（學而）

「朋友數，斯疏矣。」（里仁）

「匿怨而友其人，左丘明恥之，丘也恥之。」（公冶長）

「益者三友，損者三友。友直、友諒、友多聞，益矣。友便辟，友善柔，友便佞，損矣。」（季氏）

人不能離羣而索居，故不能無友。而交友之道，首重信實，不信實則友朋之間信心不能建立，朋友之間無信心，則友情不固。故「信」字一字，不惟對朋友，卽對一般人亦有其重要性。故孔子曰：

「民無信不立。」（顏淵）然吾人與友相處，必須表裏如一，不可心中暗算之，而表面敷衍之。若匿怨而友其人，一旦其眞面目揭穿，豈不反目成仇。而人之交友，應選益友，去損友，友朋之道，原在切磋琢磨，規過勸善，取友之長，補己之短，故曰：「毋友不如己者。」不如己者，非以財富地位言之，以德行學問言之。至於規友之過，當委婉而善導之，不可操之過急，反招疏友之道也。

㈤夫婦有別—夫婦一倫，古以「別」字釋其相與之道。別者，或云別內外。蓋中國昔時，因男女天賦不同，體力有別，故以男主外，女主內，視爲天經地義之事。又昔時，禮敎甚嚴，男女有授受不親之義。別者，或以別男女禮敎之限。然近代社會變遷，男女在工作上雖有漸趨平等之觀念，然女子在家庭中所擔任之角色，仍有不可忽視之重要性。至於授受不親之古禮，雖已失去其時代之意義，然男女禮敎之分，則不可一筆勾除之。近日世風之日下，多有從男女關係之越界而生者。然在論語中，孔子於夫婦一倫，鮮言及之，或以「別」字釋夫婦，未見盡妥，或在孔子時，此義未行，未可盡知，惟孔子以詩書禮樂敎弟子。詩周南桃夭篇云：「之子于歸，宜其家人。」詩小雅棠棣篇：「妻子好合、如鼓瑟琴。」則夫婦之道以和順，妻子之責任，在相夫敎子，則無可疑也。故中庸云：「君子之道，造端乎夫婦，及其至也，察乎天地。」（十二章）故五倫之道，由夫婦始，有夫婦然後有父子、昆弟、君臣、朋友之道。而治國平天下之道，在儒家仍以由修身齊家始也。

三、人格說

孔子之道德倫理思想，以養成理想中之完全人格爲目標。此完全人格之人，當卽是聖人，然聖者之名，孔子謙不敢當。述而篇云：「聖人吾不得而見之矣，得見君子者，斯可矣。」在論語中，君子一詞，或指居上位者，或指有德之君子，如顏淵篇：「君子之德風，小人之德草。」陽貨篇：「君子學道則愛人，小人學道則易使也。」子張篇：「君子信而後勞其民，未信則以爲厲己也；信而後諫，未信則以爲謗己也。」卽指居上位者言。又如學而篇「人不知而不慍，不亦君子乎！」里仁篇：「君子喻於義，小人喻於利。」述而篇：「君子坦蕩蕩，小人長戚戚。」顏淵篇：「君子成人之美，不成人之惡。小人反是。」子路篇：「君子和而不同，小人同而不和。」又云：「君子泰而不驕，小人驕而不泰。」衞靈公：「君子求諸己，小人求諸人。」又云：「君子貞而不諒。」爲政篇：「君子周而不比，小人比而不周。」卽指有德者而言。故學而篇首：朱注「君子，成德之名。」然君子之理想人格爲何？

憲問篇：「君子之道者三，我無能焉。仁者不憂，知者不惑，勇者不懼。」

顏淵篇：「司馬牛問君子。子曰：君子不憂不懼。曰：不憂不懼，斯謂之君子乎？子曰：內省不疚，夫何憂何懼。」

朱熹四書集註於子罕篇釋三者云：「明足以燭理，故不惑；理足以勝私，故不憂；氣足以配道，故不懼。」吾人以爲君子必具知仁勇之三德者。知者明事物之條理，辨是非之標準，去取有道，善惡有別，故不惑。仁者克己愛人，樂天知命，揚至德之大和，體人己而爲一，故不憂。勇者配義與道，視死生如一，雖千萬人而必往，故不懼。此三者爲完全人格之要素。仁以立身，知以明理，勇以行事。具此三者，則無往而不宜。故中庸曰：「知仁勇三者，天下之達德也。」（二十章）然孔子對君子人格標準，除具備知仁勇三德外，更要求其文質之配合：

「質勝文則野，文勝質則史，文質彬彬，然後君子。」（雍也）

「君子有九思：視思明，聽思聰，色思溫，貌思恭，言思忠，事思敬，疑思問，忿思難，見得思義。」（季氏）

「君子義以爲質，禮以行之，遜以出之，信以成之，君子哉。」（衞靈公）

皆言君子當文質並重。質者，存乎中；文者，發於外。質勝則鄙野，而乏乎文采。文勝則同乎書吏，陷於虛僞。必文質調和，然後始爲理想中之君子。故孔子勉弟子曰：「行有餘力，則以學文也。」

叁　教育論

孔子乃大教育家，爲古今萬世師表。孔子以前，政教不分，官師合一，書籍萃於官府，學術掌於王官，受教育限於貴族子弟。至孔子開私人講學之風，抱有教無類之旨。嘗曰：「自行束脩以上，吾未嘗無誨焉。」（述而）其終身盡瘁於教育事業，爲我國教育家之開山始祖，其教育之內涵，特點甚多，茲擇其要者舉之：

一、教育內容

㈠學行並重

「子以四教：文、行、忠、信。」（述而）

「子曰：志於道、據於德、依於仁、游於藝。」（述而）

四教之中，「文」是文章，卽詩書禮樂之稱。史記孔子世家云：「孔子以詩書禮樂敎弟子。」其餘行與忠信乃實踐品德之修養。道者，乃標示敎育之理想。朱注云：「道，人倫日用之間所當行者是也。」德與仁皆謂品德之完成。藝者乃應事之才能也。故曰：「求也藝，於從政乎何有？」（雍也）故明孔子施敎，德育與知育並重。然觀孔子平日立敎，德育，尤重於知育。

學而篇：「子曰：弟子入則孝，出則弟，謹而信，汎愛衆而親仁，行有餘力，則以學文。」

學而篇：「子曰：君子食無求飽，居無求安，敏於事而愼於言，可謂好學亦已矣。」

孝弟信愛，敏事愼言，皆屬德行操行之事。文，朱注謂「詩書六藝之文。」謂當行有餘力，則爲之。餘力，朱注謂「猶言暇日」。故知孔子敎人，以品德爲先，學科爲末。朱熹在「行有餘力」條下引尹氏之言曰：「德行本也，文藝末也，窮其本末，知所先後，可以入德矣。」卽說明德育爲本，知育爲末，以知識輔助德育，養成完美之人格，蓋人有德性而無知識，仍不失爲人之道。有知識而無德行，則失其所以爲人之本也。

(二)分科教育

先進篇：「德行：顏淵、閔子騫、冉伯牛、仲弓。言語：宰我、子貢。政事：冉有、季路。文學：子游、子夏。」

孔子之門，分四科設教。德行謂長於品德踐履，言語謂工於辯論辭說，政事謂從政治國，文學謂深於文章博學。孔子雖未明言設此四科，然其教育內涵，必以此四者爲範疇。以德行言之，重在品德陶冶，可謂人格教育。故從灑掃應對作起，以達「殺身成仁，捨生取義」之聖者。如子張篇：「子游曰：子夏之門人小子，當灑掃應對進退則可矣。」又如泰伯篇：「曾子曰：「士不可以不弘毅，任重而道遠。仁以爲己任，不亦重乎，死而後已，不亦遠乎！」以言語言之，爲訓練口才辭令之學科。是時列國爭雄，互相競爭，外交人才，極受重視。孔門有言語之科，亦乃配合社會之需要。如公冶長篇：「赤也何如？子曰：赤也，束帶立於朝，可使與賓客言也。」又先進篇：「赤，爾何如？對曰：非曰能之，願學焉，宗廟之事，如會同，端章甫，願爲小相焉。」以政事言之，孔子雖爲教育家，而具有政治理想，故其教弟子，不僅在求內聖之道，亦在訓練其外王之才。如子張篇：「子夏曰：仕而優則學，學而優則仕。」又如雍也篇「季康子問仲由可使從政也與？子曰：由也果，於從政乎何有？曰：賜也，可使從政也與？曰：賜也達，於從政乎何有？曰：求也，可使從政也與？曰：求也藝，於從政乎何有？」以文學言之，游夏之徒居首，均能誦詩書、通掌故、傳孔子之道。如八佾篇：「子夏問曰：巧笑倩兮，美目盼兮，素以爲絢兮，何謂也？子曰：繪事後素。曰：禮後乎？子曰：起予者商也，始可與言詩已矣。」

㈢教材使用

述而篇：「子所雅言，詩書執禮，皆雅言也。」

泰伯篇：「子曰：興於詩，立於禮，成於樂。」

史記孔子世家云：「孔子以詩書禮樂教弟子。」何晏論語集解於子所雅言下引鄭康成云：「讀先王典法，必正言其音，然後義全……禮不誦，故言執。」邢疏云：「舉此三者，則六藝可知。」以此知孔子以六藝教人，蓋詩以述志，書以紀事，禮以範行，樂以和性，易以道陰陽，春秋以寓褒貶。以詩言之，如陽貨篇：「子曰：小子何莫學乎詩，詩可以興，可以觀，可以羣，可以怨，邇之事父，遠之事君，多識於鳥獸草木之名。」季氏篇：「不學詩，無以言。」學詩之功，其效益如此之多，故最爲孔子重之。書教之事，論語中雖未言及之。然在論語堯曰篇，則歷引堯命舜告及商書之文。至於禮，則處世立身之本。如季氏篇：「不學禮，無以立。」又泰伯篇：「恭而無禮則勞，愼而無禮則葸，勇而無禮則亂，直而無禮則絞。」明乎此，不學禮無以立身明矣。至於樂，在儒家言之，其功用同於禮。禮記經解曰：「廣博易良，樂教也。」孔子精於音樂。八佾篇孔子語魯太師樂之程序，評韶武美善之別。而述而篇有「子在齊聞韶，三月不知肉味。」及「與人歌而善，必使反之，而後和之。」又子罕篇：「吾自衞返魯，然後樂正，雅頌各得其所。」皆爲樂教之證明：除詩書禮樂外，尚有易與春秋。春秋，論語未嘗言，或以事近諱言之。然孔子之講正名分，則與春秋之義合。如憲問篇，陳恆弒其君，則告於魯哀公請討之。至於易，論語子路篇嘗引易恆卦之辭。述而篇：「子曰：加我數年，五十以學易，可以無大過矣。」故史記孔子世家謂「孔子晚而喜易，序彖、繫、象、說卦、文言、讀易韋編三絕。」則孔子六藝之敎，易居其一，可無疑義。憲問篇曾子亦引易艮卦之辭：「君子思不出其位。」更是明證。

二、教育方法

㈠啟發誘導

述而篇：「子曰：不憤不啟，不悱不發，舉一隅，不以三隅反，則不復也。」

子罕篇：「顏淵曰：夫子循循然善誘人，博我以文，約我以禮，欲罷不能，既竭吾才，如有所立卓爾，雖欲從之，末由也已。」

中心積濾為憤，口欲言而未能為悱，前者對於所研習之問題，思而未通，未得其解決之方法，孔子則為之導引開啟，助其解決。後者則已瞭解問題之內容，而言詞不足以達其意，孔子則為之適當之解說，以發其蔽。又善學者須通類知方，如物有四隅，倘受敎者聞一隅之義，而不能類推餘隅，則不復敎之，蓋其人非愚即惰，雖復講說，無益於學。如：

學而篇：「子貢曰：貧而無諂，富而無驕何如？子曰：可也。未若貧而樂道，富而好禮者也。子貢曰：詩云：如切如磋，如琢如磨，其斯之謂與？子曰：賜也，始可與言詩已矣，告諸往而知來者。」

故孔子教人，注重自動，必俟其憤悱，乃啟發之。故雍也篇孔子曰：「知之者不如好之者，好之者不如樂之者。」在其弟子中，顏回最能自動學習，故孔子曰：「語之而不惰者，其回也與。」（子罕）宰予晝寢，孔子憤而責以朽木，冉求不肯上進，孔子責以中道而畫。此亦今日之輔導啟發之教育法也。

(二)因材施教

在論語中，孔子弟子衆多，材性各有不同。如先進篇：「子曰：師也過，商也不及。」先進篇：「柴也愚，參也魯，師也辟，由也喭。」弟子既然衆多，個性自然差異，孔子因其不同之才性，各施以相當之教育。故平日其對弟子答問，同一問題，回答之方式與內容均不同。如在爲政篇問孝者有孟懿子。孟武伯、子游、子夏。而孔子以不同之孝道以應其答，在論語中，弟子問「仁」之道。孔子所答者亦不同。最佳因材施教之例證，則在先進篇：

「子路問，聞斯行諸？子曰：有父兄在，如之何其聞斯行之。冉有問聞斯行諸？子曰：聞斯行之。公西華曰：由也問聞斯行諸，子曰：有父兄在。求也問聞斯行諸，子曰：聞斯行之。赤也惑？子曰：求也退，故進之，由也兼人，故退之。」

同一問話，一退之，一進之，正因其個性而施教。所謂對症以發藥。此種教育方法，決非現在之班級教學法所可望其項背。人不但個性不同，天份亦有高低。天份高者，語淺則無味；天份低者，語深則不受。故教人者不但要依其個性而施教，更要適其天份而施教。雍也篇云：「中人以上，可以語上也；中人以下，不可以語上也。」

㈢境遇教育

述而篇：「子曰：三人行，必有我師焉，擇其善者而從之，其不善者而改之。」

子張篇：「衞公孫朝問於子貢曰：仲尼焉學？子貢曰：文武之道，未墜於地，在人，賢者識其大者，不賢者識其小者，夫子焉不學，而亦何常師之有。」

孔子教學，勉勵弟子要隨時學習。蓋學習之所，不限於課室，不限於常師，人當以宇宙爲教室，盡人皆吾師，以不恥下問之態度，獲得應有之知識。是故唐之韓愈，在其師說一文中，深發無常師之道。其云「是故無貴無賤，無長無少，道之所存，師之所存也。」此種學習之環境教育，在論語中如：

里仁篇：「見賢思齊焉，見不賢而內自省也。」

泰伯篇：「曾子曰：以能問於不能，以多問於寡，有若無，實若虛，犯而不校，昔者吾友，嘗從事於斯矣。」

三、學習方法

㈠溫故知新

學而篇：「子曰：學而時習之，不亦悅乎。」

為政篇：「子曰：溫故而知新，可以為師矣。」

泰伯篇：「子曰：學如不及，猶恐失之。」

學習之道，不僅在學，而尤在習。習可作溫習，亦可作實習。溫故而有深得，實習而驗其可行，則中心之喜悅自生。若從溫故中更能知未知之理，則勝於師傳者多矣。故曰：「溫故而知新，可以為師矣。」求學之道，對於新知之獲得常若不及，對於已獲之知識，必不可疏於溫習，而棄之殆盡。必能常溫故，又能知新，日積月累，才得積學之效也。

㈡學思並重

為政篇：「子曰：學而不思則罔，思而不學則殆。」

衞靈公：「吾嘗終日不食，終夜不寢，以思，無益，不如學也。」

何晏論語集解包咸曰：「學不尋思其義，則罔然無所得。不學而思，故卒不得，徒使人精神疲殆。」朱熹集注曰：「不求諸心，故昏而無得。不習其事，故危而不安。」思卽思維，學卽經驗，空有思維，而無經驗實證，供其檢討，則其學危而不安。然有事實經驗，不加以思維之功，仍罔然無所得也。故孔子曰：「君子博學於文，約之以理，亦可以弗畔矣夫。」（雍也）又曰：「參乎，吾道一以貫之。」（里仁）為學能由博返約，一以貫之，非思不為功。此種外學內思之功，乃求學之要道。

㈢好學不倦

公冶長篇：「子曰：十室之邑，必有忠信如丘者，不如丘之好學也。」

述而篇：「子曰：默而識之，學而不厭，誨人不倦，何有於我哉。」

述而篇：「葉公問孔子於子路，子路不對。子曰：汝奚不曰：其爲人也，發憤忘食，樂以忘憂，不知老之將至云爾。」

孔子以好學著稱，嘗曰：「吾十有五而志於學。」故其從幼至老，以學爲事，以教爲樂。雖一生道不行，講學洙泗之濱，飯疏食飲水，曲肱而枕之，然樂在其中。門弟子以聖人期之，夫子自謙曰：「若聖與仁，則吾豈敢，抑爲之不厭，誨人不倦，則可謂云爾已矣。」（述而）孔子每事自謙，獨於好學，則三復自稱，則其好學之實，必有非常人所可及也。其見弟子之好學者，則稱之再三，如在雍也篇云：「有顏回者好學。」子罕篇：「語之而不惰者，其回也與。」又謂顏淵曰：「惜乎吾見其進也，未見其止也。」則顏回之在陋巷，簞食瓢飲，安貧樂道，正與夫子好學之志相若，宜乎其三復稱之也。

㈣篤求眞知

學而篇：「子曰：君子不重則威，學則不固。」

爲政篇：「子曰：由也，誨汝知之乎？知之爲知之，不知爲不知，是知也。」

孔子勉弟子，求學以眞知爲上，不可徒務虛名，强不知以爲知。先從爲學態度言之，必莊以莅之，專心一致，不可心猿意馬，旁騖外求，則其所學，僅浮光掠影而已。此不重則不威，學則不固也。

然亦不可假不知以爲知，以自欺欺人。如有眞知，人卽不知，亦無慍色。故學而篇云：「人不知而不慍，不也君子乎。」爲學之道，在乎足己，非徒以眩耀於人也，故不患人之不已知，患不知人，正是篤求眞知不務虛名之實證。

㈤攻異去蔽

爲政篇云：「攻乎異端，斯害亦已。」

陽貨篇云：「子曰：由也，汝聞六言六蔽矣乎？對曰：未也。居，吾語汝。好仁不好學，其蔽也愚。好知不好學，其蔽也蕩。好信不好學，其蔽也賊。好直不好學，其蔽也絞。好勇不好學，其蔽也亂。好剛不好學，其蔽也狂。」

孔穎達正義於攻乎異端下注曰：「此章禁人雜學攻治也，異端謂諸子百家之書也。言人若不學正經善道，而治乎異端之書，斯則爲害之深也。以其善道有統，故殊塗而同歸，異端則不同歸也。」朱熹集注引范氏曰：「攻異端非聖人之道，而別爲一端，如楊墨是也，率天下至於無父無君，專治而欲精之，爲害甚矣。」孔子告學生，治學當以正道善道爲歸，爲學不愼，入乎歧途，其害滋甚。然學習之道，在求眞理，六言皆美德，如蔽塞而不能通明之，則陷於不義之名，學者原在通理達情，一有偏蔽，則失之遠矣。

四、師生情感

孔子乃中國第一位大教育家，以其教育，有理想系統，有計劃內容，有施教方法，尤其特殊者，其能以言教身教誨門徒，使門徒信服。非僅其學行有使門徒悅之，亦在其生活與門徒渾爲一體。當責之則責之，當戲之則戲之，或出之以嚴肅，或出之以幽默，使人望之儼然，卽之亦溫，聽其言也厲。孟子公孫丑上卽云：「如七十子之服孔子也。」七十子之服孔子，蓋中心悅而誠服也。其師生感情之愉悅，見諸論語中者有：

㈠以言責之者

孔子於弟子之過，有以直言責之者，如責子路則云：「暴虎憑河，死而無悔者，吾不與也。」（述而）「若由也，不得其死然。」（先進）「是故惡夫佞者。」（先進）「野哉由也」（子路）責冉有則云：「曾謂泰山，不如林放乎？」（八佾）「非吾徒也，小子鳴鼓而攻之，可也。」（先進）「中道而廢，今汝畫。」（雍也）責宰予則云：「朽木不可雕也，糞土之牆，不可杇也。」（公冶長）「予之不仁也。」（陽貨）責子張子夏則云：「師也過，商也不及。」（先進）又云：「柴亦愚，參也魯，師也辟，由也喭。」（先進）「小人哉，樊須也」（子路）

㈡以言讚之者

孔子於弟子之善，有以言讚之者：如讚顏回則云：「吾與回言終日，不違如愚，退而省其私，亦足以發，回亦不愚。」（爲政）「有顏回者好學，不遷怒，不貳過，不幸短命死矣，今也則無，未聞好學者也。」（雍也）「回也，其心三月不違仁，其餘則日月至焉而已矣。」（雍也）「賢哉回也，一簞食，一瓢飲，在陋巷，人不堪其憂，回也不改其樂，賢哉回也。」（雍也）「惜乎吾見其進也，吾未見其止也。」（子罕）「回也，非助我者也，於吾言無所不悅。」（先進）「語之而不惰者，其回也與。」（子罕）讚南宮适則云：「君子哉若人，尚德者若人。」（憲問）門人不敬子路，則讚之云：「由也，升堂矣，未入於室也。」（先進）

㈢以言戲之者

如子貢欲去告朔之餼羊，孔子則戲之曰：「賜也，爾愛其羊，我愛其禮。」（八佾）又問其與回也孰愈，賜答以不敢望回，孔子戲之曰：「吾與汝，弗如也。」孔子讚子賤，「君子哉若人。」子貢問賜也何如？孔子戲之曰：「汝器也。回，何器也？曰：瑚璉也。」又「子貢曰：我不欲人之加諸我也，我也欲無加諸人。」孔子則戲之曰：「賜也，非爾所及也。」（公冶長）孔子於道不行，將乘桴於海，以能從之者則由，子路聞而有喜色，孔子則戲之曰：「由也，好勇過我，無所取材。」（公冶長）戲仲弓則曰：「犂牛之子，騂且角，雖欲勿用，山川其舍諸。」（雍也）戲子游則曰：「割雞焉用牛刀」（陽貨）自戲則曰：「沽之哉，沽之哉，我待賈者也。」（雍也）又云：「吾豈匏瓜亦哉，焉能繫而不食。」（陽貨）

㈣眞情流露者

如伯牛有疾，子問之，自牖執其手，則曰：「亡之命矣夫！斯人也，而有斯疾也！斯人也，而有斯疾也！」（雍也）顏淵死，則曰：「噫！天喪予！」（先進）「子見南子，子路不悅，夫子矢之曰

：予所否者，天厭之！天厭之！」（雍也）又云：「二三子以我爲隱乎？吾無隱乎爾，吾無行不與二三子者，是丘也。」（述而）

由上述諸例中，吾人知孔子教學，其與弟子相處，眞情流露，渾爲一體，相聚一堂，談天言志，各盡其言。其言行一切，已在弟子心目中生根不搖，故責之而無怨，讚之而不矜，戲之而不失雅，弟子之侍側者，各顯現其個性，如論語先進篇云：「閔子侍側，誾誾如也，子路行行如也，冉有子貢侃侃如也，子樂。」其師徒之相樂，眞如魚之忘於江湖，鳥之翔於天空，一片天機流露，而教育於師徒之相得中生根矣。故孔子之死也，三年之喪畢，門人治任將歸，子貢返築室於場，獨居三年，蓋有以也。

四　政治論

孔子生春秋末年，王室陵夷，諸侯力政，夷狄交侵，社會紛亂，是時臣弑其君者有之，子弑其父者有之。孔子抱救世之志，是其一生治學之目標，即在行仁，而仁之爲道，即「己欲立而立人，己欲達而達人。」（雍也）又自述其志曰：「老者安之，朋友信之，少者懷之。」（公冶長）雖其一生執魯政之期僅三月，小試其技，而終道不行，故栖栖遑遑，求一用己者，惜春秋之世主，多求近利，昧於遠見，使其困陳阨蔡。然其政治上理想，古今言治國者，仍不能出其範疇也。

一、德　治

爲政篇云：「爲政以德，譬如北辰，居其所，而衆星共之。」

爲政篇：「道之以政，齊之以刑，民免而無恥。道之以德，齊之以禮，有恥且格。」

中國政治，向重人治，人治爲何？卽爲政者修己之德，爲民之表率，以使天下人景仰而服從之。故大學云：「自天子以至於庶人，壹是皆以修身爲本。」如己身不正，如正人何？而正人之道，在以德服人。故以力服人者，其心不服，以德服人，則中心悅而誠服之。而思以德服人，則非先修其身，明其德不可。

顏淵篇：「季康子問政於孔子，孔子對曰：政者正也，子率以正，孰敢不正。」

子路篇：「子曰：其身正，不令而行，其身不正，雖令不從。」

觀上所引，爲政之道，卽在正己，正己之道，卽在修德，品德不修，無以立身，身之不立，何以正天下國家爲？此德治主張之大要也。

二、正　名

顏淵篇：「齊景公問政於孔子。孔子對曰：「君君，臣臣，父父，子子。公曰：善哉！信如君不君，臣不臣，父不父，子不子，雖有粟，吾得而食諸？」

子路篇：「子路曰：衞君待子而爲政，子將奚先？子曰：必也正名乎？子路曰：有是哉！子之迂也，奚其正。子曰：野哉由也！君子於其所不知，蓋闕如也。名不正則言不順，言不順則事不成，事不成則禮樂不興，禮樂不興則刑罰不中，刑罰不中則民無所措手足。」

名者乃實之指，非名無以指實，非實無以稱名，名實相稱，社會秩序才能各得其分；名實相亂，社會秩序必導致紊亂。如爲君者，有君之名，則必盡其爲君道之實；爲臣者，有臣之名，亦必盡其爲臣道之實。此爲名實相符，天下必治。如爲君者不盡君道，爲臣者不盡臣道，此爲名實相背，則天下必亂。推之父子、夫婦、長幼、朋友之道，無不盡然。五倫將人際之關係包括殆盡，各盡其道，則社會政治呈現一片祥和。否則君不君則臣叛，父不父則子逆，而天下亂。是以孔子責子路以野，謂其不知正名於爲國之要。季氏舞八佾，管仲樹塞門，孔子指責之，以其僭越臣道，故季氏篇：

「孔子曰：天下有道，則禮樂征伐自天子出；天下無道，則禮樂征伐自諸侯出。自諸侯出，蓋十世希不失矣。自大夫出，五世希不失矣。陪臣執國命，三世希不失矣。天下有道，則政不在大夫；天下有道，則庶人不議。」

三、禮樂

衞靈公：「顏淵問爲邦。子曰：行夏之時，乘殷之輅，服周之冕，樂則韶舞。放鄭聲，遠佞人，鄭聲淫，佞人殆。」

八佾篇：「子曰：周監於二代，郁郁乎文哉！吾從周。」

問爲邦，何晏集解邢疏：「卽問治國之禮法。」禮樂爲治國不可缺少之具，禮之二義，一曰制度，一曰儀文。如爲政篇云：「殷因於夏禮……周因於殷禮。」又八佾篇：「夏禮吾能言之……殷禮吾能言之。」此所謂禮，蓋指政法制度，至於爲政篇所言：「生事之以禮，死葬之以禮，祭之以禮。」乃指人倫日常之儀文。孔子折衷三代之制，時則行夏，蓋以建寅爲正，取其易知；殷輅取其儉素，周冕取其文華，韶舞取其美善，斟酌損益，取其至當。然至周之世，較之殷夏二代，禮樂文物大備，故曰：「吾從周。」其一生政治理想，在於行周代之治，故曰：「久矣，吾不復夢見周公。」（述而）至於樂，樂記云：「樂也者，動於內者也；禮也者，動於外者也。樂極和，禮極順，內和而外順，則民瞻其顏色而弗與爭也，望其容貌而民不生慢易焉。」禮樂之於治國，豈不大矣哉。故論語里仁篇：

「能以禮讓爲國乎，何有？不能以禮讓爲國，如禮何？」

憲問篇：「子曰：上好禮，則民易使也。」

四、治道

學而篇：「子曰：道千乘之國，敬事而信，節用而愛人，使民以時。」

堯曰篇：「子張問於孔子曰：何如斯可以從政矣？子曰：尊五美，屏四惡，斯可以從政矣。子張曰：何謂五美？子曰：君子惠而不費，勞而不怨，欲而不貪，泰而不驕，威而不猛。子張曰

：何謂惠而不費？子曰：因民之所利而利之，斯不也惠而不費乎？擇可勞而勞之，又誰怨，欲仁而得仁，又焉貪。君子無衆寡，無小大，無敢慢，斯不也泰而不驕乎？君子正其衣冠，尊其瞻視，儼然人望而畏之，斯不也威而不猛乎？子張曰：何謂四惡？子曰：不教而殺謂之虐，不戒視成謂之暴，慢令致期謂之賊，出納之吝，謂之有司。」

雍也篇：「季康子問仲由可使從政也與？子曰：求也果，於從政乎何有？曰：賜也，可使從政也與？曰：賜也達，於從政乎何有？曰：求也，可使從政也與？曰：求也藝，於從政乎何有？」

在孔子諸多言治道之篇章中，總歸納之，不外居上位者，對民事當行之以忠信，對民財則節用而愛人，使民則不違其時，因民之利而興之，因民之害而去之。欲民作之，當先教之告之，勿虐勿暴。而從政之才具，必有果斷之作風，遇煩難之事，能斷然處置，勿猶豫不決，使治絲益棼，然也必能通達事物之情，人事之理，更須具備多項才藝與知識，不致有外行偏失之弊，然後人民心悅誠服也。

五、養　教

子路篇：「子適衞，冉有僕。子曰：庶矣哉！曰：既庶矣，又何加焉？曰：富之。曰：既富矣，又何加焉？曰：教之。」

季氏篇：「不患寡而患不均，不患貧而患不安，蓋均無貧，和無寡，安無傾。」

子路篇：「善人教民七年，亦可勝殘去殺矣。」

故治民之道，必先養之而後敎。養之之道，在於富民以足食，所謂「倉廩實而知禮節，衣食足而知榮辱。」然富之之道，非謂君富，乃國富民富。國富民富者，人民之生活水準提高也。故顏淵篇曰：「百姓足，君孰與不足；百姓不足，君孰與足。」然僅富之而不敎之，則民飽食暖衣，逸居而無敎，則近於禽獸，而後放辟邪侈，無不爲矣。故富之然後可敎，敎之然後可化民成俗，期於治道也。

六、任 賢

為政篇：「舉直錯諸枉則民服，舉枉錯諸直則民不服。」

子路篇：「仲弓爲季氏宰，問政。子曰：先有司，赦小過，舉賢才。」

爲政之道，在乎得賢，必使賢者在位，能者在職，國方能治。若任用非人，親小人，遠賢臣，不能舉直道之人而使之，則國事必亂，民必不服。若國君之任使，皆爲羣居終日，言不及義之小人，君以小慧爲能，以短利爲視，則亂國紊政，亡無日矣。故衞靈公篇云：「君子不可小知而可大受也，小人不可大受而可小知也。」此任賢之道，國君所不可不察也。

孔子一生政治理想，爲大同世界之實現，以達社會安和樂利之境界，故其於堯舜之治道，有多稱焉：

泰伯篇：「巍巍乎舜禹之有天下也，而不與焉。」

泰伯篇：「大哉堯之爲君也，唯天唯大，唯堯則之，蕩蕩乎民無能名焉。巍巍乎其有成功也，煥乎其有文章。」

其對堯舜之讚譽，乃在美其治道。其後歷代聖君賢相，在政治上追求之最高理想，亦無不以此爲鵠的，近代　國父之國民革命，推翻專制，建立民國，實行三民主義，然三民主義之最後理想，仍在達成大同社會政治之實現。故大同世界，可謂質諸往聖而不疑，百世以俟聖人而不惑者也。

孔子一生，刪詩書，定禮樂。贊周易，作春秋，整理古代文獻，集上古文化大成，以文王既歿，文在己身自任，學不厭，敎不倦，其思想以天道乃人生行事最高準則，倫理道德乃做人之本務，敎育上則有敎無類，政治上則民胞物與，後世妄人，打倒孔家店有之，批孔揚秦者有之，然其於孔家店出售者何物，則昧然無知。余謂若以孔家爲店，則所售者「菽粟水火」民非「菽粟水火」不生活。孔子以詩書禮樂倫常敎人，禮樂倫常，豈人之所可廢乎？人日生活禮樂倫常之中而不自知其益，此所謂妄人也已。

第二章　孟子學述

孟子，名軻，字子輿。（史記正義）亦曰子車。（漢書藝文志孟子注）鄒人也。約生於周烈王四年，卒於周赧王二十六年。（西元三七二—西元二八九）年八十四。其先魯公族孟孫之後。夙喪其父，幼受賢母義方之教，曾三遷焉。長則受業子思之門人，治儒術，通經學，卒成大儒。其始見諸侯，自鄒穆公始，時年四十一。一生曾遊齊、宋、滕、薛、梁諸國，然終不見用。當是之時，秦用商鞅，富國强兵，楚魏用吳起，戰勝弱敵。齊威王用孫子田忌之徒，而諸侯東面朝齊。天下方務於合縱連橫，以攻伐爲賢，而孟軻乃述唐虞三代之德，是以所如者不合。而世衰道微，異端並起，楊朱墨翟之言盈天下，干時惑衆。孟子閔堯、舜、禹湯文武之道，將遂湮微，故退而與萬章之徒，序詩書，述仲尼之意，作孟子七篇。漢志則作十一篇，較史記所云者多四篇。趙岐孟子題辭曰：「孟子，著書七篇，又有外書四篇，性善、辯文、說孝經、爲政。其文不能宏深，不與內篇相似，後世依倣而記也。」今孟子七篇之目，梁惠王、公孫丑、滕文公、離婁、萬章、告子、盡心，多取篇首前文名篇，與論語同，而外書四篇之目，卽與不類，趙氏已知其僞，今已亡佚矣。

儒家自孔子而後，據韓非所云：有子張之儒，子思之儒，顏氏之儒，孟氏之儒，漆雕氏之儒，仲良氏之儒，孫氏之儒，樂正子之儒。其所謂孫氏者，卽孫卿荀子。實則上列八儒，於戰國之際，孟荀而外，多已湮沒不彰，無可述者。顧孟荀雖同爲儒家大師，而其學術思想，則有不同，荀主性惡，孟則道性善；荀法後王，孟則法先王；荀主尊君抑民，孟則民貴君輕；而荀子之學說，其弟子李斯、韓非衍之，成爲法家之祖。是則孔子而後，傳儒家之思想者，又當以孟子爲正宗。韓昌黎在原道一文中卽云：「堯以是傳之舜，舜以是傳之禹，禹以是傳之湯，湯以是傳之文、武、周公，文、武、周公傳之孔子，孔子傳之孟軻，軻之死不得其傳焉，荀與楊也，擇焉而不精，語焉而不詳。」其推崇孟子，可謂至矣。夫孟子挺名世之才，承聖人之緒，崇正道，闢異端，旨正言瞻，高視千古，性善養氣之說，皆發先聖之所未發；輕君重民之論，導後世民主先河，其胸襟懷抱，誠有非他儒所可比擬者也。玆將其學說，析之如后：

壹　形上論

孟子學術思想，大抵淵源孔子，嘗曰：「予未得爲孔子徒也，予私淑諸人也。」（離婁下）又曰：「乃所願則學孔子者也。」（公孫丑上）故其論天命，亦承孔子之說，謂天有人格，有意志，代表不變之理則，具有權威性與神明性。惟其論性善心性之說，則發孔子所未發。王充論衡本性篇云：「

唐人世碩，以爲人性有善有惡，擧人之善性養而致之則善長，惡性養而致之則惡長，如此，則性情各有陰陽，善惡在所養焉。故世子作養性一書，宓子賤、漆雕開、公孫尼子之徒，亦論情性，與世子相出入，皆言性有善有惡。」告子與孟子同時，其論性無善無惡。觀此可知當時論性諸家之要，其持論不一，孟子乃不得不獨逞其辯焉。

一、天命說

㈠主宰性

「樂正子見孟子曰：克告於君，君爲來見也，嬖人有臧倉者，沮君，君是以不果來也。曰：行或使之，止或尼之，行止非人所能也。吾之不遇魯侯天也。臧氏之子，焉能使予不遇哉！」（梁惠王下）

孟子以爲己之不遇魯侯，乃天之不欲其道行，與孔子之「天之將喪斯文也」有同悲之嘆，非一嬖人臧倉所能沮。以天有主宰性，吾人行事，只能盡人道，不能變天道。故曰：「莫之爲而爲者天也，莫之致而致者命也。」（萬章上）出人意外之事，吾人只能歸之天命而已。

㈡公正性

「孟子曰：天下有道，小德役大德，小賢役大賢。天下無道，小役大，弱役強，斯二者天也。順天者存，逆天者亡。」（離婁上）

又云：「天視自我民視，天聽自我民聽。」（萬章上）天下有道之時，小役大，弱役强是以德。天下無道，小役大，弱役强是以力，是背天道。天爲至德之代表，順其德者必存，違其德者必亡，是故天之鑒臨下方，以民意爲依歸，民意者，公意也，違公意者必滅。故曰：「天作孽，猶可違，自作孽，不可活。」

㈢指導性

「萬章曰：堯以天下與舜，有諸？孟子曰：天子不能以天下與人。然則舜有天下也，孰與之？曰：天與之。天與之者，諄諄然命之乎？曰：否，天不言，以行與事示之而已矣。」天之行爲，默默中對人之行爲有指導性，或卽吾人所謂「神差鬼使」之道。與孔子所言「天何言哉，四時行焉，百物生焉，天何言哉；」有異曲同工之妙。吾人行事，不可以天無言，卽放肆無忌憚，當以天命之可畏，樂天行道，接受天之指導。故曰：「樂天者，保天下，畏天者，保其國。」（梁惠王下）

孟子既以天命有主宰性，有公正性，能指導吾人之行爲，人不可逆天，只有順天，樂天。樂天者，樂天道之無私；順天者，順天之不可强違；然爲人之道，非徒樂天順天，必盡其爲人之道，爲人之道若何？卽盡心養性，以事天道。盡心篇上云：

「孟子曰：盡其心者，知其性也，知其性，則知天矣。存其心，養其性，所以事天也。殀壽不貳，修身以俟之，所以立命也。」

又云：「口之於味也，目之於色也，耳之於聲也，鼻之於臭也，四肢之於安佚也，性也，有命焉，君子不謂性也。仁之於父子也，義之於君臣也，禮之於賓主也，智之於賢者也，聖人之於天道也，命也，有性焉，君子不謂命也。」（盡心下）

孟子以爲人對天理之擴充，謂之盡性，對於人欲之克制，謂之立命。爲人事天之道，在發揮天賦於人之良知，其良知爲何？卽仁義禮智所根於心者。人必存心修養之，以盡爲人之道。至於外來之聲色滋味之享受，吉凶禍福之道，則其得失之道，歸之於命。蓋仁義禮智，植基於我心，我求則得之，舍則失之。聲色滋味，吉凶禍福，我求可得之，然不必定得之，故求之無益。人能常存此心，則必日遷於善，以得天心。此所謂「君子所過者化，所存者神，上天與天地同流。」（盡心上）以達天人合一之境。

二、性善說

性善說爲孟子中心學說，蓋孟子之時，人心陷溺，爲之已甚，見善而不肯爲，自謂不能。又楊朱之言盈天下，拔一毛而利天下，不肯爲之。故孟子倡性善之說，以爲善性爲人之所固有，不學而能，不慮而得，人之不肯爲善，乃由於自暴自棄。四端爲人之所固有，在人擴而充之，故曰：「凡有四端於我者，知皆擴而充之矣。若火之始燃，泉之始達，苟能充之，足以保四海，苟不充之，不足以事父母。」（公孫丑上）故行善最易，然人不爲善，則謂之自賊。故又曰：「人之有四端也，猶其有四體也，有四端而自謂不能者，自賊者也，謂其君不能者，賊其君者也。」（公孫丑上）此等自謂不能自賊之人，謂之自暴自棄之人。故曰：「言非禮義，謂之自暴也，吾身不能居仁由義，謂之自棄也。」（離婁上）自暴自棄之人，是不足與有言也，不足與有爲也。故人當順天性以爲善，其論性善之說，析之如后：

㈠人性本善

「告子曰：性猶杞柳也，義猶桮棬也，以人性爲仁義，猶以杞柳爲桮棬。孟子曰：子能順杞柳之性以爲桮棬乎？將戕賊杞柳之性而後以爲桮棬也。如將戕賊杞柳之性而以爲桮棬，則亦將戕賊人性以爲仁義與？率天下之人而禍仁義者，必子之言夫。」（告子上）

「公都子曰：告子曰：性無善無不善也。或曰：性可以爲善，可以爲不善，是故文武興，則民好善，幽厲興，則民好暴。或曰：有性善，有性不善，是故以堯爲君而有象，以瞽瞍爲父而有舜，以紂爲兄之子且以爲兄，而有微子啟、王子比干。今曰性善，然則彼皆非與？孟子曰：乃若其情，則可以爲善矣，乃所謂善也；若夫爲不善，非才之罪也。惻隱之心，人皆有之；羞惡之心，人皆有之；恭敬之心，人皆有之；是非之心，人皆有之；仁義禮智，非由外鑠我者也，我固有之也，弗思耳矣。故曰：求則得之，舍則失之，或相倍蓰而無算者，不能盡其才者也。」（告子上）

性善之說，其是非之處，至今並無定論。古今學者對性善性惡之說，亦難驟下斷語論其孰是孰非。余以爲孔子之言爲得其平，孔子不言性善性惡，只云：「性相近也，習相遠也。」後世學者對性善性惡之主張，其出發點不同，故各自有異。孟子答告子之辯，能否周圓洽該，非本文所欲論。然其勉人爲善之心，在戰國人欲横行之時，提出性善之主張，則不可不謂大有功於世道人心，故程子以爲孟子大有功於世，以其言性善。至於其性善論之發展，孟子更證之以見其實。

㈡性善之證

「所以謂人皆有不忍人之心者，今人乍見孺子，將入於井，皆有怵惕惻隱之心，非所以內交於孺子之父母也，非所以要譽於鄉黨朋友也，非惡其聲而然也。由是觀之，無惻隱之心，非人也；無羞惡之心，非人也；無辭讓之心，非人也；無是非之心，非人也。」（公孫丑上）

「告子曰：食色性也。仁內也，非外也；義外也，非內也。孟子曰：何以謂仁內義外也？曰：彼長而我長之，非有長於我也；猶彼白而我白之，從其白於外也，故謂之外也。曰：異於白馬之白也，無以異於白人之白也，不識長馬之長也，無以異於長人之長與？且謂長者義乎？長之者義乎？曰：吾弟則愛之，秦人之弟則不愛也。是以我爲悅者也，故謂之內。長楚人之長，亦長吾之長，是以長爲悅者也，故謂之外也。曰：耆秦人之炙，無以異於耆吾炙，夫物亦有然者也，然則耆炙亦有外與？」（告子上）

此段孟子告子之辯，頗爲糾纏，然吾人析之，則主要在「仁內義外」之辨。孟子以謂敬長愛弟是出於內，告子則以謂是出於外。然告子之言，亦多矛盾，告子既言性無善惡，何以此處又言「仁內也。」如言「仁內」，則仁出之於內心，則人有善端明矣。如謂食色之性，乃屬惡性，然食色乃人之本能。如合於義；不可僅謂惡，如云惡性，則亦只能云人性有善有惡，不能言人性無分於善不善，且人之敬長愛弟，雖有見於外，亦必發於內我才能敬之愛之，何以言「仁內義外。」以是見辯者之言，不可牽强逞說也。

㈢存養之功

「孟子曰：牛山之木嘗美矣，以其郊於大國也，斧斤以伐之，可以爲美乎？是其日夜之所息，雨露之所潤，非無萌蘖之生焉，牛羊又從而牧之，是以若彼濯濯也。人見其濯濯也，以爲未嘗有材焉，此豈山之性也哉？雖存乎人者，豈無仁義之心哉？其所以放其良心者，亦猶斧斤之於木也，旦旦而伐之，可以爲美乎？其日夜之所息，平旦之氣，其好惡與人相近也者幾希矣，則其旦晝之所爲，有梏亡之矣。梏之反覆，則其夜氣不足以存，則其違禽獸不遠矣，人見其禽獸也，而以爲未嘗有才焉者，是豈人之情也哉？故苟得其養，無物不長，苟失其養，無物不消。孔子曰：操則存，舍則亡，出入無時，莫知其鄉，惟心之謂與。」（告子上）

「公都子曰：鈞是人也，或爲大人，或爲小人，何也？孟子曰：從其大體爲大人，從其小體爲小人。曰：鈞是人也，或從其大體，或從其小體，何也？曰：耳目之官不思而蔽於物，物交物，則引之而已矣，心之官則思，思則得之，不思則不得也。此天之所與我者，先立乎其大者，則其小者不能奪也，此爲大人而已矣。」（告子上）

孟子以爲人性本善，仁義禮智，爲我心所固有，然此四端，亦嘗蔽於耳目之欲，而漸失之。然人之所以異於禽獸者，在人有理性，能思考。故人與禽獸之分，雖同有耳目之欲，然人類與禽獸異，即人同有靈明之心，此靈明之心爲何？即孟子所云：「心之所同然者何也？謂理也，義也。」（告子上）理義之心，即人之善端，爲禽獸所無。人必常存養此理義之心，如鷄伏卵，日夜操持之，不可須臾失，一旦失之，則近於禽獸，即所謂自暴自棄。故曰：「君子之所以異於禽獸者幾希，庶民去之，君子存之。」（離婁下）能常保此善端者，即從其大體者爲大人，否則爲小人。故又曰：「拱把之梓，人苟欲生之，皆知所以養之者，至於身而不知所以養之者，豈愛身不若桐梓哉，弗思甚也。」（告子上）蓋人捨仁義之心，即猶舍安宅正路也。

(四)擴充善端

「有四端而自謂不能者，自賊者也，謂其君不能者，賊其君者也。凡有四端於我者，知皆擴而充之矣，若火之始燃，泉之始達，苟能充之，足以保四海，苟不充之，不足以事父母。」（公孫丑上）

「孟子曰：人皆有所不忍，達之於其所忍，仁也。人皆有所不爲，達之於其所爲，義也。人能充無欲害人之心，而仁不可勝用也。人能充無穿窬之心，而義不可勝用也。人能充無受爾汝之實，無所往而不爲義也。」（盡心下）

人雖有四端，然若萌蘖之生，其微已甚。當擴而充之，令其發榮滋長。若火之始燃，不過星星，泉之始流，不過涓滴，擴而充之，火則可燎原，水則可成江河，人能擴充善端，以充實之，則人人皆可爲堯舜，人君能擴充善端，則功可至於百姓，而達於四海。故曰：「老吾老，以及人之老；幼吾幼，以及人之幼。詩云：刑於寡妻，至於兄弟，以御于家邦，言舉斯心，加諸彼而已。故推恩，足以保四海，不推恩，無以保妻子。古之人所以大過人者，善推其所爲而已矣。」（梁惠王上）人能擴充己之善性，卽可成聖賢，爲聖君，此孔子所謂「己欲立而立人，己欲達而達人。」之道也。

貳　人生論

論語一書，道德之目，以仁爲中心。孟子述孔子之道，其書中所言之德目，與孔子同。然特於孔子重仁之外，又特提出「義」字。多所闡釋，曾三致意焉。蓋孔子聖者，其道至高，期人以仁，能「仁」則諸德皆出焉，孟子之時，人欲橫流，以「仁」期世人，若遙而不可及，故益以「義」字，「義者，宜也」。世上之人，若孔門高徒顏回者，其心三月不違仁而已，餘徒之衆，則僅日月至焉而已矣。渾噩世人，未登孔門之敎者，可想而知。孔門雖以仁期世人，然未嘗稱人以「仁」，其難可知。故孟子特於「仁」字之外，指出一「義」字，「義者，宜也」。人之爲人，能於應爲之事，合理之事，見義勇爲，雖不能稱爲仁人，得義之行，亦可謂次焉。故孟子一書中，嘗仁義二字合言之，或則仁義禮智共言之，玆將其釋仁義禮智之德目，約舉之如后焉：

一、仁義禮智

㈠釋仁

「惻隱之心，仁也」（告子上）

「仁者，人也，合而言之，道也。」（盡心下）

「仁者以其所愛，及其所不愛。」（盡心下）

「人皆有所不忍，達之於其所忍，仁也。」（盡心下）

「親親，仁也。」（盡心下）

「强恕而行，求仁莫近焉。」（盡心下）

「仁者無不愛也，急親賢之爲務。」（盡心下）

「夫仁，天之尊爵也，人之安宅也。」（公孫丑上）

「未有仁而遺親者也。」（梁惠王上）

「仁之實，事親是也。」（離婁上）

「爲天下得人者，謂之仁。」（滕文公上）

㈡釋義

「未有義而後其君者也。」（梁惠王上）

「義之實，從兄是也。」（離婁上）

「義，人之正路也。」（離婁上）

「羞惡之心，義也。」（告子上）

「人皆有所不爲，達之於其所爲，義也。」（盡心下）

「敬長，義也。」（盡心上）

「非其有而取之，非義也。」（盡心上）

㈢釋禮

「恭敬之心，禮也。」（告子上）

「辭讓之心，禮之端也。」（公孫丑上）

「無禮義，則上下亂。」（盡心下）

「夫義，路也；禮，門也；惟君子能由是路，出入是門也。」（萬章下）

㈣釋智

「是非之心，智也。」（告子上）

「智者，無所不知也，當務之爲急。」（盡心上）

「所惡於智者，爲其鑿也。如智者，若禹之行水也。則無惡於智矣。禹之行水也，行其所無事也，如智者亦行其所無事，則智亦大矣。」（離婁下）

孟子釋仁，與孔子同，皆以「仁」字，論其出發點，則爲對人有同情心，能愛人無私。以其與人相接言，則是「己所不欲，勿施於人。」推此仁心，達到「己立立人，己達達人。」「故仁統攝諸德，完成人格之名。」能盡「仁」道，可以修身，可以齊家，可以治國，可以平天下。爲人性中最尊貴之一德。孟子言義，以爲義者人行爲之準則，取與進退之道，立身行事，義乃正路，不可不由之道也。其言禮，人類行爲之規範，事長敬長之節，由之則治，不由之則亂，治身理國之大經也。其所言智，在人有辨是非之心，人不辨是非，則爲盲人。盲人行事，其危甚大。然其爲智，乃大智，非小智，非察察爲明，斤斤爲智也。故盡心篇上云：

「君子所性，雖大行不加焉，雖窮居不損焉，分定故也，君子所性，仁義禮智根於心。其生色也，睟然見於面，盎於背，返於四體，四體不言而喻。」

又云：「居惡在，仁是也；路惡在，義是也；居仁由義，大人之事備矣。」（盡心下）

二、持志養氣

孟子云：「夫志，氣之帥也；氣，體之充也。夫志至焉，氣次焉，故曰：持其志，無暴其氣。」（公孫丑上）

又云：「志壹則動氣，氣壹則動志，今夫蹶者趨者，是氣也，而反動其心。」（公孫丑上）

孟子之學，以持志養氣，爲立身行事之本，修養之要道。志者，意志；氣者，勇氣，行事之力量也。意志堅定，則行事之勇氣倍增，故曰：「志，氣之帥也；氣，體之充也。」二者相隨而行，故曰：「夫志至焉，氣次焉。」人欲完成驚天動地之事業，必保持不移之志向，與大無畏之勇氣，故曰：「持其志，無暴其氣。」意志不堅，可使勇氣消失，勇氣消失，亦可動搖意志。故曰：「志壹則動氣，氣壹則動志。」人之挫折，猶如蹶者趨者，挫折能動搖人之心志。故吾人行事，如何在失敗之時不灰心，乃是持志養氣之功夫。故孟子云：「我善養吾浩然之氣。」浩然之氣如何養成：一曰配義與道，二曰集義所生，三曰勿助其長，今觀孟子之言云：

孟子云：「其爲氣也，至大至剛，以直養而無害，則塞於天地之間。其爲氣也，配義與道，無是餒也。」（公孫丑上）

又云：「是集義所生者，非義襲而取之也，行有不慊於心，則餒矣。」（公孫丑上）

又云：「必有事焉而勿正，心勿忘，勿助長也。宋人有閔其苗之不長而揠之者……非徒無益，而又害之。」（公孫丑上）

孟子以爲養氣之道，在以直養，以直養者，在於心得其正，諸凡思慮行爲，皆合於理義，而不背正道。心氣剛直嚴正，精神發皇偉大。義之所在，不見死生。此所謂配義與道，不餒之氣也。然配義與道養氣之功，在於日常生活之中，時時存養反省，不能一暴十寒；更非一朝一夕之功，集之既久，方可成爲浩然之氣，並非一時衝動，見義而爲，故曰：「是集義所生者，非義襲而取之也。」若此浩然之氣，不能配義與道，非集義所生，則行有不慊於心，故餒也。然行之之道，只在常持此道義之心而勿忘之，勿期其必得福，勿畏其必得禍，天君泰然，行之自然從容，所謂「慷慨悲歌易，從容就義難，」能從容就義者，必能持志養氣之人，平日養之有素，臨事則行之而不惑，故曰：「自反不縮，雖褐寬博，吾不畏焉。自反而縮，雖千萬人，吾往矣。」（公孫丑上）

三、人格標準

孟子一書中，論及人格標準者，約分以下之等級。

㈠君子小人

「故君子莫大乎與人爲善。」（公孫丑上）

「古之君子，過則改之……古之君子，其過也，如日月之食。」（公孫丑下）

「人之所以異於禽獸者幾希矣，庶民去之，君子存之。」（離婁下）

「君子之澤，五世而斬；小人之澤，五世而斬。」（離婁下）

「君子所以異於人者，以其存心也；君子以仁存心，以禮存心。」（離婁下）

「是故君子有終身之憂，無一朝之患也。」（離婁下）

「君子之所爲，衆人固不識也。」（告子下）

「君子所過者化、所存者神，上下與天地同流。」（盡心上）

「君子之於物也，愛之而弗仁，於民也，仁之而弗親，親親而仁民，仁民而愛物。」（盡心上）

「君子有三樂，而王天下不與焉。」（盡心上）

「君子之守，修其身而天下平。」（盡心下）

「君子行法以俟命。」（盡心下）

㈡大人小人

「非禮之禮，非義之義，大人弗爲。」（離婁下）

「大人者，不失其赤子之心者也。」（離婁下）

「體有貴賤，有小大，無以小害大，無以賤害貴，養其小者爲小人，養其大者爲大人。」（告子上）

「從其大體爲大人，從其小體爲小人。」（告子下）

「居仁由義，大人之事備矣。」（盡心上）

「說大人則藐之。勿視其巍巍然。」（盡心下）

㈢大丈夫小丈夫

「予豈若是小丈夫然哉，諫於其君而不受，則怨，悻悻然見於其面，去則窮日之力而後宿哉。」（公孫丑下）

「居天下之廣居，立天下之正位，行天下之大道，得志與民由之，不得志獨行其道，富貴不能淫，貧賤不能移，威武不能屈，此之謂大丈夫。」（滕文公下）

四豪士與凡民

「士之託於諸侯，非禮也。」（萬章下）

「一鄉之善士，斯友一鄉之善士，一國之善士，斯友一國之善士；天下之善士，斯友天下之善士。」（萬章下）

「故士窮不失義，達不離道。」（盡心上）

「待文王而後興者，凡民也；若夫豪傑之士，雖無文王猶興。」（盡心上）

五中道與狂獧

「孟子曰：孔子不得中道而與之，必也狂獧乎。狂者進取，獧者有所不爲也。……何以謂之狂也？曰：其志嘐嘐然，曰：古之人，古之人，夷考其行而不掩焉者也。狂者又不可得，欲得不屑不潔之士而與之，是獧也。」（盡心下）

六鄉原與德賊

「孔子曰：過我們而不入我室，我不憾焉者，其惟鄉原乎，鄉原德之賊也。曰：何如？斯可謂之鄉原矣？曰：何以是嘐嘐也。言不顧行，行不顧言，則曰：古之人，古之人，行何爲踽踽涼涼，生斯世也，爲斯世也，善斯可矣，閹然媚於世也者，是鄉原也。萬章曰：一鄉皆稱原人焉，無所往而不爲原人，孔子以爲德之賊何哉？曰：非之無舉也，刺之無刺也，同乎流俗，合乎汙世，居之似忠信，行之似廉潔，衆皆悅之，自以爲是，而不可與入堯舜之道，故曰：德之賊

也。」（盡心下）

「仁且智，夫子既聖矣。」（公孫丑上）

「伯夷聖之清者也，伊尹聖之任者也，柳下惠聖之和者者也，孔子聖之時者也。」（萬章下）。

「浩生不害問曰：樂正子何人也？孟子曰：善人也、信人也。何謂善？何謂信？曰：可欲之謂善，有諸己之謂信，充實之謂美，充實而有光輝之謂大，大而化之謂聖，聖而不可知之之謂神。」（盡心下）

㈦聖人與神人

孟子所言之君子與小人，大人與小人，或以在位言，或以品德言。大丈夫與小丈夫，則以修養氣度言。豪士與凡民，則以作爲言。中道與狂狷，則以個性言。鄉原則全以品德言。而其人格至善之境域，則爲聖人、神人。然聖人之境難期，故有僅得其一偏者，如伯夷聖之清，伊尹聖之任，柳下惠聖之和，惟孔子集其大成，故曰聖之時者也。聖人至善之境，則入神人之境。神人者，上下與天地同流，天人合一之境，可以贊天地之化育，而可與天地參矣。故中庸云：「大哉聖人之道，洋洋乎發育萬物，峻極于天。」孟子雖嘗以聖人期人，嘗曰：「舜何人也，予何人也，有爲者亦若是。」（滕文公上）然觀其書中所云，仍以君子期常人，能保持君子之風，亦不失爲人之道也。此所以其書中言之者衆也。

四、修養操守

儒家之學，重在一己之行爲修養。孟子言性善，善性既爲吾人所固有，則所以存養擴充之者，悉待自身之努力。人能修身，則可以齊家、治國、平天下。故離婁篇上云：「人有恆言，天下國家，天下之本在國，國之本在家，家之本在身。」又盡心篇：「君子之守，修其身而天下平。」故修身爲行爲操持之本。孟子書中論修養與操持，約區之如后：

㈠孝弟之道

「孟子曰：事孰爲大，事親爲大，守孰爲大，守身爲大，不失其身而能事其親者，吾聞之矣；失其身而能事其親者，吾未之聞也。孰不爲事，事親，事之本也，孰不爲守，守身，守之本也。」（離婁上）

「孟子曰：徐行後長者謂之弟，疾行先長者謂之不弟，夫徐行者，豈人所不能哉？所不爲也。堯舜之道，孝弟而已矣。」

是修身之道，以孝弟爲本，蓋修身之目的，在知禮義，明人倫，而孝弟則爲明倫知禮之所自。論語學而篇不云乎：「君子務本，本立而道生，孝弟也者，其爲人之本與。」，皆强調事親孝弟之重要。而孝弟之道，在親親敬長，道在最邇，事在易爲，不患不能，患不爲也。人人能親其親、長其長，則天下治矣。

㈡義利之辨

「孟子曰：伊尹耕於有莘之野，而樂堯舜之道焉，非其義也，非其道也，祿之以天下，弗顧也。繫馬千駟，弗視也，非其義也，非其道也，一介不以與人，一介不以取諸人。」（萬章上）

「孟子曰：魚我所欲也，熊掌亦我所欲也，二者不可得兼，舍魚而取熊掌者也。生亦我所欲，義亦我所欲，二者不可得兼，舍生而取義者也。生亦我所欲，所欲有甚於生者，故不爲苟得也。死亦我所惡，所惡有甚於死者，故患有所不辟也。」（告子上）

人能明於義利之辨，方能將不義之富貴，視如浮雲，而能於當義之事，見義勇爲，惟大義凜然之人，才能殺身成仁，捨生取義。赴湯蹈火，勇往直前，不計生死。否則見利忘義，苟得偸生，遭人辱罵，雖生不若死，此孟子舍生取義之道，最爲古今所樂道而稱焉者也。

㈢出處辭受

「陳子曰：古之君子，何如則仕？孟子曰：所就三、所去三。迎之致敬以有禮，言將行其言也，則就之。禮貌未衰，言弗行也，則去之。其次雖未行其言也，迎之致敬以有禮，則就之。禮貌衰，則去之。其下，朝不食，夕不食，飢餓不能出門戶，君聞之曰：吾大者不能行其道，又不能從其言也，使飢餓於我土地，吾恥之。周之亦可受也，免死而已矣。」（告子下）

「一簞食，一豆羹，得之則生，弗得則死，嘑爾而與之，行道之人弗受，蹴爾而與之，乞人不屑也。」（告子上）

孟子既重義利之辨，故對出處辭受之道，界分極嚴，於仕宦之道，當仕則仕，當去則去。於取與之道，當取則取，當拒則拒，一絲不苟。故其所云三就三去之道，於士君子之行止去就，其不苟之精神，頗足稱也。故曰「伯夷隘，柳下惠不恭，隘與不恭，君子不由也。」（公孫丑上）至於辭受之道，於齊則王餽兼金而不受，於宋於薛，則受之，皆能嚴於取予，故曰：「可以取，可以無取，取傷廉，可以與，可以無與，與傷惠。」（離婁下）

㈣執中自反

「楊子爲我，拔一毛而利天下，不爲也。墨子兼愛，磨頂放踵，利天下爲之。子莫執中，執中爲近之，執中無權，猶執一也。所惡執一者，爲其賊道也，舉一而廢百也。」（盡心上）

「有人於此，其待我以橫逆，則君子必自反也，我必不仁也，必無禮也。其自反而仁矣，自反而有禮矣，君子必自反也，我必不忠。自反而忠矣，其橫逆猶是也。君子曰：此亦妄人而已矣。如此則與禽獸奚擇哉？於禽獸又何難焉。」

孟子承子思之學，於中道獨有得焉。然其所謂中道，乃擇其宜者而行之，非執一以爲中。故男女授受不親爲禮，嫂溺則援之以手，乃行權。乃依時權變，使其合乎中道。然吾人行事，不能盡得其宜而無失，故必有自反之功，若曾子之吾日三省吾身，遇橫逆之來，不必先責於人，但求諸己，求諸己而無慊，則心安理得，對橫逆之加，亦安之而已矣。故曰：「愛人不親，反其仁，治人不治，反其智，禮人不答，反其敬，行有不得，皆反求諸己。」（離婁上）

叁　教育論

孟子主張性善，以爲人性皆有善端，祇在教育者引之使出，使之從道向善。盡心上云：「人之所不學而能者，其良能也；所不慮而知者，其良知也。」良知良能，既爲人心所固有，教者之責，祇在引之使出，使入於聖人之途。告子篇下卽云：「夫道，若大路然，豈難知哉？人病不求耳，子歸而求之，有餘師。」而其教學，與孔子同，採有教無類。其在滕也，館於上宮，棄屨於牖上，失之不見，或以爲從者之匿也。孟子答之曰：「子以是爲竊屨來與？曰：殆非也，夫予之設科也，往者不追，來者不拒，苟以是心至，斯受之而已矣。」（盡心下）故其教人，不追其既往，只問其有無向道之心，故來者不拒，與孔子有教無類相若也。玆析其教學之道如后：

一、教育目標

「公孫丑曰：道則高矣美矣，宜若登天然，似不可及也。何不使彼爲可幾及，而日孳孳也。孟子曰：大匠不爲拙工，改廢繩墨，羿不爲拙射，變其彀率。君子引而不發，躍如也，中道而立，能者從之。」（盡心上）

「孟子曰：羿之教人射，必志於彀，學者亦必志於彀；大匠誨人，必以規矩，學者亦必以規矩

。」（告子上）

彀率繩墨者、教學之準繩也，教者必先立其準繩，然後學者才有所取法。然學者才性不齊，智愚不一，未必皆能達其準繩。然教人者，不可因學者才性之不齊，而不定其教學之目標。至於才性之不齊，所得之不同，則全在學者之自身。此所謂「梓匠輪輿，能與人規矩，不能使人巧」也。（盡心上）規矩者，教育之目標；巧者，則視個人之稟賦。教育目標之設，僅在勉人向學之道，使觀於海者難爲水，遊於聖人之門者難爲言，期上得中之道也。

二、教學方法

「孟子曰：君子之所以教者五，有如時雨化之者，有成德者，有達財者，有答問者，有私淑艾者。此五者，君子之所以教也。」（盡心上）

「孟子曰：教亦多術矣，予之不屑教誨也者，是亦教誨之而已矣。」（告子下）

孟子之教學方法，約略分之：時雨化之者，不言之教也。成德者，輔其品也。達財者，育其才也。答問者，解其惑也。私淑艾者，雖未親受，擇其善行善言而效之者也。不屑教者，或卽刺激之而使其向學也。孟子教徒，與孔子同，因其才性而施教，時雨之教，不言之教，如時雨旣至，萬物自長，聞一知十，若孔子之於顏曾是也。成德者，行道而有得於心，如孔子之於冉閔。達財者，才技有長，達之使通，如孔子之於由賜。答問者，僅就其所問而答之，若孔子之於樊遲。私淑艾者，不能及門受業，但聞其道，而善治其身以效之。孟子自云：「予未得爲孔子徒也，予私淑諸人也。」不屑教誨之者，使人自退修省，如孔子之誨孺悲，孟子之誨陳更是也。（盡心上）

三、學習方法

㈠自動學習

「孟子曰：君子深造之以道，欲其自得之也，自得之，則居之安，居之安，則資之深，資之深，則取之左右，逢其原，故君子欲其自得之也。」（離婁下）

孟子教學，注重學者之自動，與孔子「不憤不啟，不悱不發」同。學者於所學能有濃厚之興趣，方能安其所學而不爲學所苦，方能日夜鑽研，所得才多才深，於聖賢之道，始能融會貫通，表裏通明，於應用時，可左右逢源。非淺襲於口耳之間也。

㈡求其放心

「孟子曰：仁，人心也；義，人路也；舍其路而弗由，放其心而不知求，哀哉！人有鷄犬放，則知求之；有放心而不知求，學問之道無他，求其放心而已矣。」（告子上）

人之求學，最忌不能專心一致，心有旁騖，不能專心其業，其曾以奕之爲道以譬之：「使奕秋誨二人奕，一人專心致志，一人雖聽之，一心以爲鴻鵠將至……則雖與之俱學，弗若之矣。」（告子上）故學貴專一，貫澈始終。故曰：「有爲者，譬若掘井，掘井九軔，而不及泉，猶爲棄井也。」（盡

心上）

㈢知人知言

「孟子曰：誦其詩，讀其書，不知其人可乎？」（萬章下）

「何謂知言，詖辭知其所蔽，淫辭知其所陷，邪辭知其所離，遁辭知其所窮。」（公孫丑上）

求學之道，必須尚友古人，誦其人之書，必須知其身世背景，然後始知其言是否足取，文未必如其人也。知言之法，如其言詖，則知其非中道，蔽於一曲也；如其言淫，則知其心迷，有所陷溺也；如其言邪，則知背常道，有所離題也；如其言遁，則知背理，歪曲之辭也。故爲學之道，在擇之而矣。攻乎異端者，因其害非淺。故曰：「盡信書，則不如無書。」（盡心上）

㈣志道反約

「孟之謂樂正子曰：子之從於子敖來，徒餔啜也，我不意子學古之道，而以餔啜也。」（離婁上）

「孟子曰：博學而詳說之，將以反說約也。」（離婁下）

孟子以學者之道，在求聞道，如求學僅爲謀稻粱之謀，則失求學之道也。此與孔子「朝聞道，夕死可矣。」與孔子「士志於道，而恥惡衣惡食者，未足與議也」相同。而聞道之方，非所以誇多鬥靡也，在其能融會貫通，執一以馭萬，否則其學雖衆，無以掌握其核心，未得道之鑰也。此與論語孔子曰：「吾道一以貫之。」曾子曰：「夫子之道，忠恕而已矣」相通也。

四、教育環境

㈠家庭環境

「孟子曰：中亦養不中，才亦養不才，故人樂有賢父兄也，如中也棄不中，才也棄不才，則賢不肖之相去，其間不能以寸。」（離婁下）

「公孫丑曰：君子之不教子何也？孟子曰：勢不行也，教者必以正，以正不行，繼之以怒，則反夷矣。夫子教我以正，夫子未出於正也。是則父子相夷也，父子相夷則惡矣。古者易子而教之。父子之間不責善，責善則離，離則不祥莫大焉。」（離婁上）

孟子幼受母教，嘗斷機杼而教之。又以所居環境不良，曾三遷之，故其家庭教育感之最深。然上舉二段文字，前言故人樂有賢父兄也。後言易子而教之，似實相反，然實有至道。然吾人所當注意者，前言「養」，後言「教」。養者，朱注云：「涵育薰陶」，教則「督責相加」，促其必行。故家庭之教育，重在涵育薰陶，人有賢父兄，其一言一行，足為人子之榜樣，則人子受其薰陶，不言自化，故人樂有賢父兄也。教則督責相加，促其能行。不教子者，父子之間，相處甚邇，言行未必盡合禮儀，子最明之，如責其必行，則子必有不以為然者，如嚴督之，則反夷矣。反夷則父子之情感傷。此易子而教之道也。

㈡社會環境

「孟子謂戴不勝曰：子欲子之王之善與？我明告子，有楚大夫於此，欲其子之齊語也，則使齊人傅諸？使楚人傅諸？曰：使齊人傅之。曰：一齊人傅之，衆楚人咻之，雖日撻而求其齊也，不可得已。引而置之莊嶽之間，雖日撻而求其楚，亦不可得矣。子謂薛居州，善士也，使之居於王所，在於王所者，長幼尊卑，皆薛居州也，王誰與為不善。在王所者，長幼尊卑，皆非薛居州也，王誰與為善，一薛居州，獨如宋王何？」（滕文公下）

社會環境，影響人之教育甚鉅。所謂近朱者赤，近墨者黑，墨子悲絲，惡其染也。日與善人相處，則可為善，與惡人相處，則習而為惡。如蓬生麻中，不扶而直，蘭芷之根，漸滫不服。干貊夷越之子，生而同聲，長而異俗，皆境使之然也。故所染當，則為聖賢，所染不當，則為禽獸。孟母三遷之教，意在斯乎？故孔子曰：「里仁為美，擇不處仁，焉得知。」

㈢經濟環境

「孟子自范之齊，望見齊王之子，喟然嘆曰：居移氣，養移體，大哉居乎！夫非盡人之子與！孟子曰：王子宮室車馬衣服多與人同，而王子若彼者，其居使之然也，況居天下之廣居者乎！」（盡心上）

「孟子曰：富歲子弟多賴，凶歲子弟多暴，非天之降才爾殊也，其所以陷溺其心者然也。今夫麰麥，播種而耰之，其地同，樹之時又同，浡然而生，至於日至之時，皆熟矣，雖有不同，則地有肥磽，雨露之養，人事之不齊也。」（告子上）

經濟之環境，對於人之教育，亦有莫大之關係。有其才性，而無其資財，則有失學之苦痛。且經濟環境之優裕，與人之氣度有關，王子之雍容華貴，以其養尊優也。若花木之栽培，播之於沃土，肥之以佳料，灌之以時，則枝葉茂長，否則枯槁萎衰。教者亦然，人之天份相同，然一得其養，一不得其養，其成就亦有不可同日而語者矣。

㈣困逆環境

「孟子曰：人之有德慧術知者，恆存乎疢疾，獨孤臣孽子，其操心也危，其慮患也深，故達。」（盡心上）

「孟子曰：故天將降大任於是人也，必先苦其心志，勞其筋骨，餓其體膚，空乏其身，行拂亂其所為，所以動心忍性，增益其所不能。」（告子下）

困逆之環境，雖為人前進之阻力，亦為人德業磨練最佳之良機，全視吾人意志之堅定與否。蓋人在困逆環境中能砥礪奮發，磨練德智，所謂不經一事，不長一智，反之如生於安樂，驕奢淫佚，必致身敗名裂。非獨人之為然也，國亦然。故曰：「無敵國外患者國恆亡。」古今偉人，其學業之有成，事功之發皇，胥經此困逆環境中磨練而成也。

總之，孟子教學之論，有目標，有方法，其終身道不行，設帳授徒，以教為樂。嘗曰：「得天下英才而教育之，一樂也。」（盡心上）然其亦勉教者，不可故步自封，以德業已足，不求上進，故又曰：「人之患，在好為人師。」（離婁上）又曰：「賢者以其昭昭，使人昭昭，今以其昏昏，使人昭昭。」（盡心下）此誤人子弟，故爲教者，必日進不已，教學相長，勿茅塞其心。故云：「山徑之蹊間，介然用之而成路，爲間不用，則茅塞之矣。」（盡心下）皆勉人淬勵爲學之道也。

肆、政治論

孟子生於戰國之時，當時諸侯，外則以攻伐爲賢，兵連禍結，內則盤樂怠傲，苛政横行。以致民生凋敝，救死不贍。孟子目擊心傷，乃大聲疾呼，籲天下之諸侯，要以不忍人之心，行不忍人之政。以拯斯民於水火塗炭之中，而謀民衆之幸福。兹將其政治思想，舉其犖犖大端者如後：

一、民貴君輕

「孟子曰：民爲貴，社稷次之，君爲輕。是故得乎丘民而爲天子，得乎諸侯而爲大夫，諸侯危社稷，則變置。犧牲既成，粢盛既潔，祭祀以時，然而旱乾水溢，則變置社稷。」（盡心下）

「齊宣王問曰：湯放桀，武王伐紂，有諸？孟子對曰：於傳有之。曰：臣弑其君可乎？曰：賊仁者，謂之賊，賊義者謂之殘，殘賊之人，謂之一夫。聞誅一夫紂矣，未聞弑君也。」（梁惠王下）

孟子政治思想，重視民意，以一切政治制度，皆爲人民而設，有人民而後有君，君爲人民立也。

是故君之爲君，乃爲人民服務。爲防止暴君專制，故倡民本主義，提高民權，在二千餘年前，君權無上之際，孟子獨倡之，可謂膽識卓越。故中山先生於孟子「民貴君輕」此語，尤所樂道。故倡民權主義，推翻君主專制，而使孟子之言論，見諸實施，具見眞理所在，千古不磨。由於君主身份降低，君主如殘暴不仁，則人人可得而誅之。故誅紂與誅一夫同也，不得以弒君論之。是以爲君主者，必以民之好惡爲依歸，好貨、好色、好樂皆與民同之，以獨樂樂不如與民樂樂。故曰：「樂民之樂者，民亦樂其樂，憂民之憂者，民亦憂其憂，樂以天下，憂以天下，然而不王者，未之有也。」（梁惠王下）

二、重王輕霸

「齊宣王問曰：齊桓晉文之事，可得聞乎？孟子對曰：仲尼之徒，無道桓文之事者，是以後世無傳焉，臣未之聞也。曰：德何如？則可以王矣！曰：保民而王，莫之能禦也。」（梁惠王上）

「孟子曰：以力假仁者霸，霸必有大國，以德行仁者王，王不待大，湯以七十里，文王以百里。以力服人者，非心服也，力不贍也，以德服人者，中心悅而誠服也。」（公孫丑上）

孟子之時，諸侯窮兵黷武，以力相征，故征地以戰，殺人盈野；征城以戰，殺人盈城；此所謂率土地而食人也，故當時之事君者，以能爲君辟土地，充府庫，能爲君約與國，戰必克爲賢，而孟子稱之爲民賊，以善戰者當服上刑。恨之入骨，故大聲疾呼曰：「且王者之不作，未有疏於此時者也，民之憔悴於虐政，未有甚於此時者也。飢者易爲食，渴者易爲飲，孔子曰：德之流行，速於置郵而傳命，當今之時，萬乘之國，行仁政而王，民之悅之，猶解倒懸也。」（公孫丑上）其重王輕霸之呼聲，響徹雲霄，民生之苦痛，躍然紙上也。

三、仁政保民

孟子曰：「三代之得天下也，以仁；其失天下也，以不仁；國之所以廢興存亡者亦然。天子不仁，不保四海，諸侯不仁，不保社稷，卿大夫不仁，不保宗廟，士庶人不仁，不保四體。今惡死亡而樂不仁，是猶惡醉而強酒。」（離婁上）

「孟子曰：今王發政施仁，使天下仕者，皆欲立於王之朝，耕者皆欲耕於王之野，商賈皆欲藏於王之市，行旅皆欲出於王之塗，天下之欲疾其君者，皆欲赴愬於王，其若是，孰能禦之。」（梁惠王上）

「孟子所謂仁政，乃勸當時之國君，行堯舜之仁政，卽法先王。以爲堯舜之得天下也，以仁，桀紂之失天下也，以暴，故曰：「欲爲君，盡君道，欲爲臣，盡臣道，二者皆法堯舜而已矣。不以舜之所以事堯事君，不敬其君者也；不以堯之所以治民，賊其民者也。」（離婁上）故爲君者，全在推堯舜不忍人之心，行不忍之政，老吾老，以及人之老，幼吾幼、以及人之幼，故推恩，則足以保四海，不推恩，則無以保妻子。故又曰：「惟仁者，宜在高位，不仁而在高位，是播其惡於衆也。」（離婁上）能行仁政以保民，則民之歸之也，猶水之就下，獸之走壙也。

四、富民教民

「孟子曰：是故明君制民之產，必使仰足以事父母，俯足以畜妻子，樂歲終身飽，凶年免於死亡。今也制民之產，仰不足以事父母，俯不足以畜妻子，樂歲終身苦，凶年不免於死亡，此惟救死而恐不贍，奚暇治禮義哉。」（梁惠王上）

「設為庠序學校以教之，庠者養也，校者教也。序者射也。夏曰校、殷曰序、周曰庠，學則三代共之，皆所以明人倫也，人倫明於上，小民親於下。」（滕文公上）

治民之道，富之教之。不富則民不足，不教則民亂。管子云：「倉廩實而知禮節，衣食足而知榮辱。」故民不足則飢，飢則放辟邪侈，無不為矣。然富之之道，首在制民之產，使其得仰事俯畜，然後在不違其時，使穀不可勝食。更輕其刑罰，薄其賦斂，使壯有所用，老有所養，幼有所育，使民養生喪死無憾，此王道之始也。然民既富矣，苟不教之以人倫之道，則人民飽食暖衣，逸居而無教，則不免近於禽獸，故設為庠序之教，以明人倫之道，使父子有親，君臣有義，夫婦有別，長幼有序，朋友有信。能如是，則黎民不飢不寒，知禮明義，則天下之治，可運於掌矣。

五、尊賢使能

「故將大有為之君，必有所不召之臣，欲有謀焉，則就之。其尊德樂道，不如是，不足與有為

也。故湯之於伊尹，學焉而後臣之，故不勞而王；桓公之於管仲，學焉而後臣之，故不勞而霸。」（公孫丑下）

「孟子見齊宣王曰：爲巨室，則必使工師求大木，工師得大木，則王喜，以爲能勝其任也。匠人斲而小之，則王怒，以爲不勝其任矣。夫人幼而學之，壯而欲行之，王曰，姑舍女所學而從我，則何如？今有璞玉於此，雖萬鎰，必使玉人彫琢之。至於治國家，則曰姑舍女所學而從我，則何以異於敎玉人彫琢玉哉。」（梁惠王下）

賢能之士，爲國之棟樑，國得賢則興，失賢則亡，而國君之尊賢也，爲其多能也，爲其德重也。如尊賢而不以禮敬重之，則賢士之爲人也，天子不得而臣，國君不得而友，如視之若奴婢，揮之若賤隸，則賢者之不散而去者、亦幾希也。周公之吐哺握髮，不敢慢賢之道也。國君既能尊賢，然賢者之爲人也，不願素餐，不願尸位，必國君能任之專，賦之以重，其方能安其位，展其才也。如國君任賢，任之不能以專，掣肘其行事，而受任者亦不能安其位，國欲得治，豈可得乎？故國欲得治，必尊賢使能，俊傑在位，則天下之士，皆悅而願立於其朝矣。

六、正己修身

「孟子曰：愛人不親，反其仁；治人不治，反其治；禮人不答，反其敬；行有不得者，皆反求諸己。其身正而天下歸之。」（離婁上）

「孟子曰：居下位而不獲於上，民不可得而治也；獲於上有道，不信於友，弗獲於上矣；信於友有道，事親弗悅，弗信於友矣；悅親有道，反身不誠，不悅於親矣；誠身有道，不明乎善，不誠其身矣。」（離婁上）

儒家之學，以誠正修齊治平爲本。是故治國之道，雖經緯萬端，然總其要歸，仍以正身修己爲本。古今言治國者，莫不重修身。君人者，萬民之表率也，己身之不治，何以治人；己身不正，何以正人。中庸不云乎？「知所以修身，則知所以治人，知所以治人，則知所以治天下國家矣。」（中庸二十一章）孟子亦云：「天下之本在國，國之本在家，家之本在身。」（離婁上）人能修身則治人之道立，人能反己則治人之道生，故君人之道，全在本諸身，反諸己。人必自侮，而後人侮之，國必自伐，而後人伐之。人能端己正人，則天下無不治。故曰君子修其身天下平也。

孟子之學，繼孔子之道，以廣大其統者也。孔子之門人，雖稱三千焉，然大抵皆誦經樂道之君子，於謹守師說，修己做人，則皆有所長，然於光大孔子之業，則非其才，故非孟子之出，則孔子之學，必爲其平淡外貌所掩，必爲淺見衆人所棄。夫孟子挺名世之才，承聖人之緒，崇正道，闢異端，旨正言贍，高視千古，性善養氣之說，發先聖之所未發；輕君重民之論，導後世民主先河；舍生取義之守，立民族正氣之表；求其放心之教，誦千古學者之口，其胸襟抱負，舍我其誰之精神，誠有非他儒所可比擬者也。至其文章之宏放，言詞之辯駁，猶其餘事。孔子之道至今所以不朽者，孟子之功實居其首焉。

第三章　荀子學述

荀子傳略，見於史記孟荀列傳，及劉向別錄：

「荀卿，趙人，年五十，始來遊學於齊……田駢之屬皆已死。襄王之時，荀卿最爲老師。齊尚修列大夫之缺，而荀卿三爲祭酒焉。齊人或讒荀卿，荀卿乃適楚，而春申君以爲蘭陵令。春申君死，而荀卿廢，因家蘭陵。李斯嘗爲弟子，已而相秦。荀卿疾濁世之政，亡國亂君相屬，不遂大道，而營於巫祝，信禨祥，鄙儒小拘，如莊周等，又滑稽亂俗，於是推儒墨道德之行事興壞，序列著數萬言而卒，因葬蘭陵。」（史記孟荀列傳）

「孫卿，趙人，名況。方齊宣王、威王之時，聚天下賢士於稷下，尊寵之。若鄒衍、田駢、淳于髡之屬甚衆，號曰列大夫。是時孫卿有秀才，年五十，始來遊學……。至齊襄王時，孫卿最爲老師。齊尚修列大夫之缺，而孫卿三爲祭酒焉。齊人或讒孫卿，孫卿乃適楚，楚相春申君，以爲蘭陵令。或謂春申君曰：『湯以七十里，文王以百里，孫卿賢者也，今與之百里之地，楚其危乎？』春申君謝之，孫卿去之趙。後客謂春申君曰：『伊尹去夏入殷，殷王而夏亡。今孫卿天下賢人，所去之國，豈不安乎？』春中君使人聘孫卿，孫卿遺書刺楚國，因爲歌賦以遺春申君，春申君恨之，復固謝孫卿，孫卿乃行，復爲蘭陵令。春申君死，而孫卿廢。李斯嘗爲弟子，已而相秦。及韓非、浮丘伯皆受業爲名儒，孫卿應聘於諸侯，見秦昭王及秦相應侯，皆不能用也。至趙與孫臏議兵趙孝成王前，孫臏爲變詐之兵，孫卿以王兵難之，不能對也，卒不用於世，老死蘭陵。」（劉向別錄）

記載雖詳略不同，然其行跡，則仕齊仕楚，應無異議，然荀子本書，言荀卿嘗至趙，與臨武君議兵孝成王之前。（議兵篇）又嘗至秦，秦昭王向之問儒。（儒效篇）又韓非子難四篇：「燕王子噲而非孫卿。」爲本傳所不備。則至燕與否，尚難定其說。至或稱荀卿，或稱孫卿，乃由一音之轉，前人考之已詳，茲不復贅。

荀子著述，漢劉向校讎孫卿書，定著三十二篇，曰孫卿新書。漢書藝文志從之，著孫卿子三十三篇。（王應麟考證謂當作三十二篇）唐楊倞爲之注。分易篇第，定三十二篇爲二十卷。卽今傳本。清王先謙廣輯諸家之說，成荀子集解，行於世。

壹　形上論

一、天道論

荀子以前，對天道之觀念，視天爲有意志最高行事之主宰，爲人格化之上帝，乃古代宗敎信仰之天。後衍宗敎信仰之天，爲理性之終極準則，成爲道德之天。孔孟學說中之天，卽兼具此二者。墨子所言之天道，乃其前者。老莊中所言之天，乃自然之天，故屏絕人爲，服從天然。荀子亦以天爲客觀自然之存在，人之行事吉凶得失，與天無涉，且可進而以人力裁制天然。故孔孟墨皆主敬天而勵精人事，老莊尊天然而屏人爲。荀子以天人不相關涉，專恃人爲，且裁制天然，以爲人用。與近代科學精神甚相吻合，爲當時思想界放一異彩。玆闡其天道論如后：

㈠辨天人

「天行有常，不爲堯存，不爲桀亡。應之以治則吉，應之以變則凶。彊本而節用，則天不能貧。養備而動時，則天不能病。脩道而不貳，則天不能禍。故水旱不能使之飢，寒暑不能使之疾，妖怪不能使之凶。本荒而用侈，則天不能使之富。養略而動罕，則天不能使之全。倍道而妄行，則天不能使之吉。故水旱未至而飢，寒暑未薄而疾，妖怪未至而凶。受時與治世同，而殃禍與治世異，不可以怨天，其道然也。故明於天人之分，則可謂至人矣。」（天道論）

「天不爲人之惡寒也，輟多；地不爲人之惡遼遠也，輟廣；君子不爲小人之匈匈也，輟行；天有常道矣，地有常數矣，君子有常體矣。君子道其常，而小人計其功。」（天論篇）

此言天道人事，各爲獨立存在。人之行事，禍福自致，吉凶自求，與天無涉。故荀子所言之天，乃不識不知，且無意志，其變化乃順一定不易之自然法則，不受人爲之影響而越其常軌。故天不能有意志降禍於人，亦不因人之好惡而改變其自然法則。人之爲禍爲福，全由人爲。非由天意。故其進一步主張，以人力制天而用天，一切禮義法度皆由人所創設，當以人制天命。

㈡制天命

「大天而思之，孰與物畜而制之；從天而頌之，孰與制天命而用之；望時而待之，孰與應時而使之；因物而多之，孰與聘能而化之；思物而物之，孰與理物而勿失之也；願與物之所以生，孰與有物之所以成；故錯人而思天，則失萬物之情。」（天論篇）

「治亂天邪？曰：日月星辰瑞曆，是禹桀之所同也，禹以治，桀以亂；治亂非天也。時邪？曰：繁啟蕃長於春夏，畜積收藏於秋冬，是又禹桀之所同也；禹以治，桀以亂；治亂非時也。地邪？曰：得地則生，失地則死，是又禹桀之所同也；禹以治，桀以亂；治亂非地也。詩曰：『天作高山，太王荒之；彼作矣，文王康之。』此之謂也。」（天論篇）

荀子自信以爲宇宙之中，人力可創造一切，貧病災禍，人之遭遇也；飢渴、寒暑，人之感受也。人當以己之才智學識經驗應付之，有災禍而避之，有飢寒而防之，人知而不備，明而不防，未盡人事之道也。則災禍非天與之，人自爲也。故禹桀所處之天同，所遇之時同，所居之地同，而禹以治，桀以亂。此不盡其天職之道也，故人莫若盡天職以制天命，則不失萬物之情也。

㈢盡天職

「形具而神生，好惡喜怒哀樂臧焉，夫是之謂天情。耳目鼻口形能各有接，而不相能也，夫是之謂天官。心居中虛，以治五官，夫是之謂天君。財非其類以養其類，夫是之謂天養。順其類者謂之福，逆其類者謂之禍，夫是之謂天政。暗其天君，亂其天官，棄其天養，逆其天政，背其天情，以喪天功，夫是之謂大凶。聖人淸其天君，正其天官，備其天養，順其天政，養其天情，以全天功；如是，則知其所爲，知其所不爲矣。則天地官而萬物役矣。其行曲治，其養曲適，其生不傷，夫是之謂知天。」（天論篇）

「若夫志意脩，德行厚，知慮明，生於今而志乎古，則是在其我者也。故君子敬其在己者，而不慕其在天者；小人錯其在己者，而慕其在天者。君子敬其在己者，而不慕其在天者，是以日進也；小人錯其在己者，而慕其在天者，是以日退也。故君子之所以日進，與小人之所以日退，一也。君子小人之所以相懸者在此耳。」（天論篇）

荀子以人之喜怒哀樂，謂之天情；人之耳目鼻口形能，謂之天官；人之心以使五官，謂之天君；心之用謂之天養；心之用順則福，逆則禍，謂之天政；此天所賦於人者，天之所賦於人者，乃不爲而成，不求而得，故謂天職。吾人旣具此天職，則當善用之，以全其天功。如何善用之，則在淸其天君，天君者心也，人之主也。天君淸，則耳目鼻口之接無不正矣，所接正，則喜怒哀樂無逆其情，所行無所失，是謂順天之政，順天之養。如是則志意脩，德行厚，志慮明，日進於君子之道而不知，可謂盡其天職矣。

二、性惡說

荀子學說之中，其遭受酷評，乃性惡之說，遂被後儒見擯於正統儒學之外，甚至以爲思想上之毒素，此或爲後儒誤解所致。然荀子雖主張人之性惡，乃以人順性行事，則必獲致惡果，如能矯之以禮義，可以化性之惡而趨於善，使人人存警惕之念，不敢怠忽，未見非其學之長。其性惡論如后：

㈠性之意義

「凡性者，天之就也，不可學，不可事。禮義者，聖人之所生也，人之所學而能，所事而成者也。不可學，不可事之在天者，謂之性；可學而能，可事而成之在人者，謂之僞；是性僞之分也。今人之性，目可以見，耳可以聽。夫可以見之明不離目，可以聽之聰不離耳，目明而耳聰，不可以學明矣。」（性惡篇）

「若夫目好色，耳好聲，口好味，心好利，骨體肌膚好愉快，是皆生於人之情性者也。感而自然，不待事而後生之者也。夫感而不能然，必待事而後然者，謂之生於僞。是性僞之所生，其不同之徵也。」（性惡篇）

以荀子之說，凡天生賦於人之本能，不待學而能謂之性，亦可曰生謂之性。性僞者，自然人爲之分也。不待學不待事而能者，自然之現象；待學而能待事而成者，人爲之結果。自然生於人爲之先，人爲起於自然之後，如目之明，耳之聰，骨體肌膚好愉快，是人天賦之本能。故正名篇云：「生之所以然者謂之性。」而依荀子之說，天賦與人之性，皆爲一體。性惡篇云：「凡人之性者，堯舜之與桀紂，其性一也；君子之與小人，其性一也。」又云：「此聖人之所以同於衆，其不異於衆者，性也。」是荀子所謂之性，君子與小人同一，聖人與凡人同一，無有分異。然則人之天賦之性，究竟爲善爲惡，乃荀子學說中所欲探討者。

㈡性惡之證

「人之性惡，其善者僞也。今人之性，生而有好利焉，順是，故爭奪生，而辭讓亡焉。生而有疾惡焉，順是，故殘賊生，而忠信亡焉。生而有耳目之欲，有好聲色焉，順是，故淫亂生，而禮義文理亡焉。然則從人之性，順人之情，必出於爭奪，合於犯分亂理，而歸於暴。故必將有師法之化，禮義之道，然後出於辭讓，合於文理，而歸於治。用此觀之，然則人之性惡明矣，其善者僞也。」（性惡篇）

「凡古今天下之所謂善者，正理平治也；所謂惡者，偏險悖亂也；是善惡之分也已。今誠以人之性固正理平治邪？則有惡用聖王，惡用禮義哉！雖有聖王禮義，將曷加於正理平治也哉；今不然，人之性惡，故古者聖人以人之性惡，以爲偏險而不正，悖亂而不治，故爲之立君上之勢以臨之，明禮義以化之，起法正以治之，重刑罰以禁之，使天下皆出於治，合於善也，是聖王之治而禮義之化也。今當試去君上之勢，無禮義之化，去法正之治，無刑罰之禁，倚而觀天下人民之相與也，若是，則夫彊者害弱而奪之，衆者暴寡而譁之，天下之悖亂而相亡，不待頃矣

。用此觀之，然則人之性惡明矣。其善者僞也。」（性惡篇）

荀子主性惡，蓋對孟子之性善而發，孟子主張人性中有惻隱、羞惡、辭讓、是非諸善端；荀子則主張人性中有好利、疾惡、爭奪、好聲色諸惡端，故讓人順性而爲，必導致社會之紊亂。故荀子之議論，乃針對孟子告子篇所云：「非天之降才爾殊也，其所以陷溺其心者然也。」是孟子認爲人性中固有仁義禮智四善端，荀子則認爲人性本惡，禮義係由人爲。依荀子理論推究，善惡非由行爲之動機而分，而是由行爲之結果分。行爲之結果足以引起正理平治爲善，行爲之結果足以引起偏險悖亂爲惡。故荀子是結果論者，經驗論者。孟子是動機論者，直覺論者。然荀子對人性之惡，雖極肯定，却未絕望，彼以爲可以師法化之，禮義導之。仍可使人歸於正，合於治。故性惡非絕症，惟以此反映教化禮義之不可缺，法律政教之不可廢。故人性無惡，又焉用聖王之治，設去禮義政教，則天下之亂，不可以頃，此所以極主禮義政教之功也。

㈢化性之教

「故枸木必將待檃栝蒸矯然後直，鈍金必將待礱厲然後利，今人之性惡，必將待師法然後正，得禮義然後治。今人無師法，則偏險而不正，無禮義，則悖亂而不治。古者聖王以人之性惡，以爲偏險而不正，悖亂而不治；是以爲之起禮義，制法度，以矯飾人之情性而正之，以擾化人之情性而導之也。使皆出於治，合於道也。」（性惡篇）

「聖王在上，分義行乎下，則士大夫無流淫之行，百吏官人無怠慢之事，衆庶百姓無姦怪之俗，無盜賊之罪，莫敢犯上之禁，天下曉然皆知夫盜竊之不可以爲富也。皆知夫賊害之人不可以爲壽也，皆知夫犯上之禁不可以爲安也，由其道，則人得其所好焉，不由其道，則必遇其所惡焉。是故刑罰綦省而威行如流，世曉然皆知夫爲姦，則雖隱竄逃亡之，由不足以免也，故莫不服罪而請。」（君子篇）

荀子以爲人性雖惡，然可以師法之化，禮義之教，刑罰之輔，使之向善。正如枸木必待檃栝然後直，鈍金必待礱厲然後利，人必待聖王之起禮義，制法度，以矯飾人之情性然後合於道也。然禮義法度，乃聖人所制，是聖人所爲，非出於人之本性，故禮義法度爲化性之要素，社會治亂之範疇，人無禮義法度則亂，不知禮義法度則悖，猶良弓必待排檄然後正，良馬必待銜轡然後制，人無禮義法度則必及於亂也。

㈣性惡之辨

「塗之人可以爲禹，曷謂也？曰：凡禹之所以爲禹者，以其爲仁義法正也，然則仁義法正有可知可能之理，然而塗之人，皆有可以知仁義法正之質，皆有可以能仁義法正之具，然則可以爲禹明矣。」（性惡篇）

「塗之人者，皆內可以知父子之義，外可以知君臣之正，然則其可以知之質，可以能之具，其在塗之人明矣。今使塗之人者，以其可以知之質，可以能之具，本夫仁義法正之可知之理，可能之具，然則可以爲禹明矣。今使塗之人伏術爲學，專心一致，思索孰察，加日縣久，積善而

不息，則通於聖明，參於天地矣。故聖人者，人之所積而致也。」（性惡篇）

荀子言塗之人可以爲禹，與孟子所言人皆可以爲堯舜，有爲者亦若是有同意。惟荀子既言塗之人可以爲禹，所持之由，以爲仁義法正有可知可能之理，而塗之人也，皆有可以知仁義法正之質，皆有可以知仁義法正之具，故可以爲禹。惟吾人以爲人之所以知仁義法正之質，即其本性之良知；可以能仁義法正之具，即其天賦之良能。設人性全惡，則無可知可能之理。故孟荀兩家之性論，荀子所言生而好利、疾惡、好聲色，孟子亦未嘗言性中絕對無有。孟子所言之仁義禮智，荀子所言之性中亦非絕對無有，而孟子所强調者，爲人異於禽獸之性；荀子所强調者，爲人同於禽獸之性。孟子言性善，故注重四端之擴充；荀子言性惡，特重禮義之敎化。取徑雖不同，而歸屬則一也。故謝墉荀子箋釋序云：「孟子言性善，蓋勉人以爲善而爲此言；荀子言性惡，蓋疾人之爲惡而爲此言。錢大昕亦云：「孟言性善，欲人盡性而樂於善；荀言性惡，欲人化性而勉於善；立言雖殊，其敎人以善則一也。」旨哉斯言。

三、心理論

心理論亦乃荀子學說中特色之一，在先秦諸家中，對心理分析之詳盡，不得不首推荀子。荀子研究心理，乃在爲闡其性惡之學說。因爲心是人之主宰，人與禽獸之分，亦在人有靈明之心，能衡是非，能辨義利，故特將「心」字加以分析，以明人與禽獸之分。

㈠人之特徵

「人之所以爲人者，何已也？曰：以其有辨也……然則人之所以爲人者，非特以二足而無毛也，以其有辨也。今夫狌狌形笑，亦二足而無毛也，然而君子啜其羹，食其肉，故人之所以爲人者，非特以其二足而無毛也，以其有辨也。夫禽獸有父子而無父子之親，有牝牡而無男女之別，故人道莫不有辨，辨莫大於分，分莫大於禮，禮莫大於聖王。」（非相篇）

「水火有氣而無生，草木有生而無知，禽獸有知而無義，人有氣有生有知，亦且有義，故最爲天下貴也。力不若牛，走不若馬，而牛馬爲用，何也？曰：人能群，彼不能群也。人何以能群？曰：分；分何以能行？曰：義。故義以分則和，和則一，一則多力，多力則彊，彊則能勝物，故宮室可得而居也。故序四時，裁萬物，兼利天下，無它故焉，得之分義也。」（王制篇）

此說明人與禽獸之分，非僅在形體上之區別，而主要在有辨、有義、能群。然人之有辨、有義、能群，其作用仍在有一靈明之心，人能分辨父子之親，男女之別，人能知何事宜行，何事合義，人能知互助合群，故人能伏獸而役萬物。然而辨之之根據，行之之準則，當合之於大道，則禮義是也。惟人能知禮義，禽獸不知禮義，此人之所以異於禽獸也。惟知禮義之主宰，則仍在於心，故心之作用亦大矣。

㈡心之作用

「心者，形之君也，而神明之主也。出令而無所受令，自禁也，自使也，自奪也，自行也，自止也。故口可使劫而墨云，形可劫而使詘申，心不可劫而使易意。是之則受，非之則辭。故曰

：心容。其擇也無禁，必自見，其物也雜博，其情之至也，不貳。」（解蔽篇）

荀子闡明心爲形體之主宰，發號施令者也。人之行藏取與，無不受心之支使，一旦心有所決，則不可劫之而使易意。心之所認爲是者則受之，心之所認爲非者則辭之。然其見物雜博，何者爲是，何者爲非，必須有所選擇，而心作選擇之時，必當精神集中，虛靈不昧，然後才能不貳不惑也。

㈢使心之要

「人何以知道？曰：心。心何以知？曰：虛壹而靜。心未嘗不臧也，然而有所謂虛。心未嘗不滿也，然而有所謂一。心未嘗不動也，然而有所謂靜。人生而有知，知而有志，志也者，臧也。然而有所謂虛，不以所已藏害所將受，謂之虛。心生而有知，知而有異，異也者，同時兼知之，兩也；然而有所謂一，不以夫一害此一謂之壹。心臥則夢，偷則自行，使之則謀，故心未嘗不動也，然而有所謂靜，不以夢劇亂知，謂之靜。未得道而求道者，謂之虛壹而靜，作之，將須道者之虛則人，事道者之壹則盡，將思道者靜則察，知道察，知道行，體道者也，虛壹而靜，謂之大清明。萬物莫形而不見，莫見而不論，莫論而失位。」（解蔽篇）

何謂使心之要，在於知道，道是何物？正名篇云：「道者，古今之正權也。」乃是非行爲之準則。然則心何以選擇是非，在於虛壹而靜。虛者，心能容萬物也。靜者，心能察萬物也。一者，能將心容藏之萬物條理之也。不以感情萬物之擾也，故曰將思道者靜則察。所謂察，察道之眞僞。能察則清明在躬，則萬物莫形而不見，莫見而不論，莫論而失位也。

(四)心理分類

「生之所以然者，謂之性。性之和所生，精合感應，不事而自然者謂之性。性之好惡喜怒哀樂謂之情。情然而心爲之擇謂之慮。心慮而能爲之動，謂之僞。慮積焉，能習焉，而後成謂之僞。正利而爲，謂之事。正義而爲，謂之行。所以知之在人者，謂之知。知有所合，謂之智。智所以能之在人者，謂之能。能有所合，謂之能。性傷謂之病，節遇謂之命。是散名之在人者也。」（正名篇）

此段文字中，荀子爲性、情、慮、僞、事、行、知、能八種心理作用，爲之定義。以天生之謂性，性受外界所感，而有喜怒哀樂謂之情。動機之情，競欲發洩時，有理智謂之選擇謂之慮。至於僞，其解釋有二，一乃由理智之選擇，由能發動以行爲；一乃由習養成之爲。故前者是人爲，後者指養成人格之爲。爲而有當於正利謂之事，有當於正義謂之行。至於知能，知能所以在人者，謂天生之知能，知能有所合，謂選擇之知能，此其大較也。

貳　人生論

孔子之仁，孟子之義，荀子之禮，均爲我國倫理道德思想之重心。荀子乃先秦諸子中巨擘，源出儒家，重人爲而崇禮義，雖主性惡，然其目的，仍在化性爲善。而化性爲善，則全在禮義之功，人性本惡，故生而有欲，欲望無窮，取之無度，則必起爭，爭則亂矣，亂則窮矣，故欲維持社會秩序，使人安居樂業，必制禮義以安民，此禮之所以生也。茲將其禮論析之於后。

一、禮　教

㈠禮教之所生

「禮起於何也？曰：人生而有欲，欲而不得，則不能無求，求而無度量分界，則不能不爭，爭則亂，亂則窮，先王惡其亂也，故制禮義以分之，以養人之欲，給人之求，使欲必不窮乎物，物必不屈於欲，兩者相持而長，是禮之所起也。」（禮論篇）

「人不能兼官，離居而不相待則窮，群而無分則爭，窮者患也，爭者禍也。救患除禍，則莫若明分使群矣。彊脅弱也，知懼愚也，民下違上，少陵長，不以德爲政，如是，則老弱有失養之憂，而壯者有分爭之禍矣。事業所惡也，功利所好也，職業無分，如是，則人有樹事之患，而有爭功之禍矣。男女之合，夫婦之分，婚姻娉內送逆無禮，如是，則人有失合之憂，而有爭色之禍矣，故知者爲之分也。」（富國篇）

故聖王之制禮，一在人有欲望，順其欲而發展之，無分界以限制之，則必發生爭亂。爭亂則天下不安。故聖王之制禮，養人之欲，給人之求，以禮養欲，以禮制爭。一在人能群，能群雖爲人之特性，然若群能無分，則亦必爭。蓋人有彊弱，無禮以制之，則彊脅弱，衆暴寡。人有知愚之分，無禮以制之，則知者欺愚。人皆好逸惡勞，無禮以制之，則皆不勞而獲。人有好色之性，無婚姻嫁娶之禮，則有爭色之禍，故聖王制禮以節之，此禮之所以起也。

㈡禮之功用

「故繩誠陳矣，則不可以欺以曲直；衡誠懸矣，則不可以欺以輕重；規矩誠設矣，則不可欺以方圓，君子審於禮，則不可欺以詐僞。故繩者，直之至；衡者，平之至；規矩者，方圓之至；禮者，人道之極也。」（禮論篇）

「凡禮，始乎梲，成乎文，終乎悅校。故至備情文俱盡，其次情文代勝，其下復情以歸大一也。天地以合，日月以明，四時以序，星辰以行，江河以流，萬物以昌，好惡以節，以爲下則順，以爲上則明，萬變不亂，貳之則喪也，禮豈不至矣哉！立隆以爲極，而天下莫之能損益也。本末相順，終始相應，至文以有別，至察以有說，天下從之者治，不從者亂；從之者安，不從之者危；從之者存，不從之者亡。」（禮論篇）

故禮者，人道之極也。猶規矩之於方圓，而禮者，爲人作人之至道也。因禮之極，乃復人之情性以歸於太一。能行之，則天地四時莫不順其序，好惡喜怒皆有節，上下以和，天地萬有雖極雜紊，禮能節之使不亂。故其爲道，不可損益，人由禮行之則治，不由禮行之則亂。故禮能上調天時，下洽人情，天地因禮而有序，社會因禮而有秩，人道因禮而有節。故禮之用也，在使人群居和一，具有分、養、節三者之用，此禮之功也。

二、樂教

儒家之祖孔子，雖尊禮，更重視樂。以為道德修養之工具。修身須治禮，而涵養則有待於樂。故荀子於禮之外，復作樂論，以彌禮之所未盡。禮以導外，樂以和內，內外平衡，人之為善亦易矣。樂乃藝術，藝術之目的為美，道德之目的為善，兩者均為人生之最高境界，相輔相成者也。樂可移風易俗，樂適人心而和民性，禮之所不能化，則樂以導之，二者兼用，德化乃成。

㈠樂之所生

「夫樂者，樂也。人情之所不能免也。故人不能無樂，樂則必發於聲音，形於動靜，而人之道，聲音動靜性術之變盡是矣。故人不能不樂，樂則不能無形，形而不為道，則不能無亂，先王惡其亂也，故制雅頌之聲以道之，使其聲足以樂而不流，使其文足以辨而不諰，使其曲直繁省廉肉節奏，足以感動人之善心，使夫邪汙之氣無由得接焉，是先王立樂之方也。」（樂論篇）

人之活動，情慾為其本，情慾之發，左右人生，除聖賢能以高度理知控制情慾外，一般人則常隨情慾浮沈。然如何使情慾正常活動，乃人生之規律，亦文化進步之動力。若情慾過度，則害人損己，情慾相調，乃理想之生活。然人之情慾，常受外力之擾，泛濫成災，淹沒生命，損害社會，如何平息之，則以樂導之，故先王制樂，所以導人之情性趨於和平中正也。此樂之所以生也。

㈡樂之功用

「故樂行而志清，禮修而行成，耳目聰明，血氣和平，移風易俗，天下皆寧。美善相樂，故曰樂者樂也。君子樂得其道，小人樂得其欲。以道制欲，則樂而不亂。以欲忘道，則惑而不樂。故樂者，所以道樂也，金石絲竹，所以道德也，樂行而民鄉方矣。故樂者，治人之盛也。」（樂論篇）樂聲節而奏，樂調和而美，可以熨情而舒志，暢心而廣胸，故樂之感人，可以清人心志，使人耳目聰明，心氣平和，其流風所煽，可以移風易俗，使天下人和善相悅。先王之修禮樂，在使君子樂得其道，小人樂得其慾，故修其行，正其樂，而天下順焉。

三、修　養

荀子論修身，與孔孟同，特重本身修養，與君子小人之分。修身之篇，論修身之道。不苟之篇，論君子小人之分。其論修身之道，端在自反自修，由禮以行。其論君子小人之分，端在禮義之辨。

㈠修身之要

「見善修然必以自存也，見不善愀然必以自省也。善在身，介然必以自好也。不善在身，菑然必以自惡也。故非我而當者吾師也；是我而當者吾友也；諂媚我者吾賊也。故君子隆師親友，以致惡其賊。好善而無厭，受諫而能誡，雖欲無進，得乎哉？」（修身篇）

「凡用血氣志意，智慮，由禮則治通，不由禮則勃亂提慢；食飲衣服，居處動靜，由禮則和節，不由禮則觸陷生疾；容貌態度，進退趨行，由禮則雅，不由禮則夷固僻違，庸衆而野。故人無禮則不生，事無禮則不成，國家無禮則不寧。」（修身篇）故其論修身之道，端在自反，擇善而友。與孔子論語所云：「見善如不及，見不善如探湯。」（季氏）又與孔子論語「三人行，必有我師焉。擇其善者而從之，其不善者而改之。」（述而）同也。此君子反求諸己之道也。荀子論修身之道，雖在自反，然行之之道，則在遵禮。故思慮必由禮而生，生活起居，必由禮而行，由禮而行，則事無不宜也。

㈡君子之道

「君子行不貴苟難，說不貴苟察，名不貴苟傳，唯其當之爲貴。故懷負石而赴河，是行之難爲者也，而申徒狄能之；然而君子不貴者，非禮義之中也。山淵平，天地比，齊秦襲，入乎耳，出乎口，鉤有鬚，卵有毛，是說之難持者也，而惠施鄧析能之，然而君子不貴者，非禮義之中也。盜跖吟口，名聲若日月，與舜禹俱傳而不息，然而君子不貴者，非禮義之中也。」（不苟篇）

故君子之行，當以禮義是尙，冒險犯難，事屬難能，然行而不當，君子不爲，以其不合禮義也。辨說論斷，尋乎至理者也，然非禮義，齊給便利，可以服人之口，而不可服人之心，則君子不爲，以其非禮義也。求名好聲，行於世傳，此君子所當爲者也，然而不合禮義，則君子不爲，以其非禮義之中也。故論語云：「君子之於天下也，無適也，無莫也，義之與比。」（里仁篇）荀子亦曰：「君子治禮義者也，非治非禮義者也。」（修身篇）此之謂也。

叁 教育論

荀子既主性惡，復言善者可僞，可僞者，人爲也。故敎育之力量，是去惡爲善之首要。因人之性惡，順其行而發展之，則惡必積。人性雖惡，然尙可化導，化導人性，有賴於敎育。敎育可以革人之惡性，規之範之，使臻於善。故學者，所以修性也。人能向學，得師法之化，禮義之敎，然後其行合於文理，而歸於治，此勸學篇論學習之大旨也。

一、學之目標

「百發失一，不足爲善射；千里蹞步不至，不足謂善御；倫類不通，仁義不一，不足謂善學。學也者，固學一之也。一出焉，一入焉，塗巷之人也。其善者少，不善者多，桀紂盜跖也；全之盡之，然後學者也。君子知夫不全不粹之不足以爲美也，故誦數以貫之，思索以通之，爲其人以處之，除其害者以持養之。使目非是無欲見也，使耳非是無欲聞也，使口非是無欲言也，使心非是無欲動也。及至其至好之也，目之好五色，耳之好五聲，口之好五味，心利之有天下，是故權力不能傾也，群衆不能移也，天下不能蕩也，生乎由是，死乎由是，夫是之謂德操。德操然後能定，能定然後應，能定能應，夫是之謂成人，天見其明，地見其光，君子貴其全也

。」（勸學篇）

此荀子論學習之目標，在通倫類，統一於仁義。善學者，其學雖萬端，然必有一鵠的。將其所學，一以貫之，由博返約，以求全粹盡美。使耳之所聞，目之所見，心之所好，不離其鵠。然後權利不足以改其志，衆說不能以移其道，天下之大，富貴之盛不足以變其心，生死以之，此學者之操，與論語云：「士志於道，而恥惡衣惡食者，未足與議也。」（里仁）然後爲學始能成爲全美之君子。故荀子解蔽篇亦云：「故學也者，固學止之也，惡乎止之，曰：止諸至足。曷謂至足？曰：聖王也。聖也者，盡倫者也；王也者，盡制者也；兩盡者，足以爲天下極矣。故學者以聖王爲師。」故學者之道，在達聖賢之境也。

二、爲學之功

「君子曰：學不可以已，靑取之於藍，而靑於藍；冰水爲之，而寒於水；木直中繩，輮以爲輪，其曲中規，雖有槁暴，不復挺者，輮使之然也。故木受繩則直，金就礪則利，君子博學而日參省乎己，則知明而行無過矣。……干越夷貉之子，生而同聲，長而異俗，敎使之然也。」（勸學篇）

「吾嘗終日而思矣，不如須臾之所學也。吾嘗企而望矣，不如登高之博見也。登高而呼，臂非加長也，而見者遠，順風而呼，聲非加疾也，而見者彰；假輿馬者，非利足也，而致千里；假

舟檝者，非能水也，而絕江河；君子生非異也，善假於物也。」（勸學篇）

荀子雖主性惡，然以人性中有可知禮義之質，人如能學而日參省乎己，卽能變化氣質，如木之受繩，金之就礪，故人之才質，非天注定而不可移，後天人爲之努力，眞積力久，則本性隨之而化。然爲學之功，不僅在變化氣質，而在成材致用，人如孜孜不倦，則學問日深，識見廣博，知識豐富，見解明微，學問之功，如人欲致千里，必假輿馬；欲涉江河，必假舟檝；故欲爲才德全具之君子，亦必假學問之功也。

三、環境教育

「蓬生麻中，不扶而直；白沙在涅，與之俱黑；蘭槐之根是爲芷，其漸之以滫，君子不近，庶人不服，其質非不美也，所漸者然也。故君子居必擇鄉，遊必就士，所以防邪僻而近中正也。」（勸學篇）

「物類之起，必有所始；榮辱之來，必象其德；肉腐出蟲，魚枯生蠹；怠慢忘身，禍災乃作。强自取柱，柔自取束，邪穢在身，怨之所構。施薪若一，火就燥也；平地若一，水就濕也；草木疇生，禽獸群焉；物各從其類也。是故質的張而弓矢至焉，林木茂而斧斤至焉，樹成蔭而衆鳥息焉。醯酸而蜹聚焉。故言有召禍也，行有召辱也，君子愼其所立乎。」（勸學篇）

荀子對敎育人爲之力，旣極重視；故對環境於學者之影響，亦極關切。彼以爲求學之環境佳，予人以利；環境惡，予人以弊；人當就利而避惡；免使惡上加惡。所謂近朱者赤，近墨者黑；故墨子有悲絲之染，揚子有歧途之哭。孟母三遷，惡其境也；一傅衆咻，齊語難成；戎人生乎戎，長乎戎，則戎言；楚人生乎楚，長乎楚，則楚言。皆境之使然也。故人親聖賢，則爲君子；親小人，則爲邪惡，此環境對人之影響也。

四、有恒專一

「積土成山，風雨興焉；積水成淵，蛟龍生焉；積善成德，神明自得，聖心備焉。故不積蹞步，無以致千里；不積小流，無以成江海。騏驥一躍，不能十步；駑馬十駕，功在不舍。鍥而舍之，朽木不折；鍥而不舍，金石可鏤。蚯螾無爪牙之利，筋骨之强，上食埃土，下飲黃泉。蟹六跪而二螯，非虵蟺之穴，無可寄託者，用心躁也。是故無冥冥之志者，無昭昭之明；無惛惛之事者，無赫赫之功；行衢道者不至，事兩君者不容。目不能兩視而明，耳不能兩聽而聰。螣蛇無足而飛，梧鼠五技而窮。……故君子結於一也。」（勸學篇）

學貴專一，尤需有恒。終身亹亹，沒而後已。荀子勸學篇不云乎：「學至乎歿而後止也。」此言學之欲成，非持之以恒，學問乃涓滴之積，非一日之功。龜兔之喻，可以爲戒。而爲學之道，雖貴有恒，尤須專一，人生有限，知識無窮。不鵠一以求，則博而不精，無可致用者。若梧鼠之有五技，能飛而不能上屋，能緣而不能窮木，能遊而不能渡谷，能穴而不能掩身，能走而不能先人，雖有五技，不能先人明矣，此論爲學專一之效也。

五、學習課目

「學惡乎始，惡乎終，其數則始乎誦經，終乎讀禮……故書者，政事之紀也；詩者，中聲之所止也；禮者，法之大分，類之綱紀也，故學至乎禮而止矣。夫是之謂道德之極。禮之敬文也，樂之中和也，詩書之博也，春秋之微也，在天地之間者畢矣。」（勸學篇）

「學之經，莫速乎好其人，隆禮次之。上不能好其人，下不能隆禮，安特將學雜識志，順詩書而已耳，則末世窮年，不免爲陋儒而已。將原先王，本仁義，則禮正其經緯蹊徑也。若挈裘領，詘五指而頓之，順者不可勝數也。不道禮憲，以詩書爲之，譬之猶以指測河也，以戈舂黍也，以錐飡壺也，不可以得之矣。故隆禮，雖未明，法士也；不隆禮，雖辯察，散儒也。」（勸學篇）

荀子以詩、書、禮、樂、春秋爲教材，蓋以書之所紀，乃治道之大綱，先王之治術也。詩樂者，陶人心志，音之中和也。春秋講微言大義，所以勸善貶惡。禮者，履也，行爲之準則，學者若僅讀佔畢，而不能篤踐之，力行之，則口耳之學，不足養成善良之人品。故荀子勸學篇云：「君子之學也，入乎耳，著乎心，布乎四體，形乎動靜，端而言，蝡而動，一可以爲法則。小人之學也，入乎耳，出乎口，口耳之間，則數寸耳，曷足以美七尺之軀哉？」故口耳記誦之學，不足以成人品，惟能實踐篤行，由禮之敎，方爲聖人。故勸學篇又云：「其義則始乎爲士，終乎爲聖人。」此荀子於諸多課目中，特重禮敎之功也。

六、師道敎法

「師術有四，而博習不與焉。尊嚴而憚，可以爲師；耆艾而信，可以爲師；誦說而不陵不犯，可以爲師；知微而論，可以爲師；故師術有四，而博習不與焉。」（致仕篇）

「問楛者勿告也，告楛者勿問也，說楛者勿聽也，有爭氣者勿與辯也。故必由其道至，然後接之，非其道，則避之。故禮恭而後可以言道之方；辭順，而後可與言道之理。色從，而後可以言道之致。故未可與言而言，謂之傲；可與言而不言，謂之隱；不觀氣色而言，謂之瞽，故君子不傲不隱不瞽。」（勸學篇）

「故不問而告謂之傲，問一而告二謂之囋，傲，非也；囋，非也，君子如嚮矣。」（勸學篇）

師道有四，尊嚴而憚者，學記所云：「師嚴然後道尊也。」耆艾而信者，法行篇所云：「老而不敎，死無思也。」不陵不犯者，謂不背其師說者可以爲師。知微而論者，講論精微可以爲師也。博習不與焉者，乃學記所云：「記問之學，不足爲人師也。」而師之敎法，惟謹守其身，非禮不告，非禮不聽，非禮不言，非禮不動。必弟子禮恭然後言道之方，辭順色從然後言道之致。不傲、不隱、不瞽、不囋者，正與論語季氏篇所云：「言未及之而言謂之躁，言及之而不言謂之隱，未見顏色而言謂之瞀。」論語所謂「不憤不啟，不悱不發。」之道同也。

肆　政治論

荀子之政治思想，與孔孟所主張者大體相同，皆以王道爲極致，而取舍不盡相同。孔子崇尚德政，輕視刑政。故曰：「道之以德，齊之以禮。」（爲政）孟子崇尚王道，排斥霸道。故曰：「以德服人者王，以力假仁者霸。」（公孫丑）荀子崇王道而不排斥霸道。故曰：「隆禮尊賢而王，重法愛民而霸。」（彊國篇）與「義立而王，信立而霸。」（王霸篇）究其原因所在，皆由社會環境變遷使然也。孔子之時，社會風氣比較淳厚，故主張德治之敎化。孟子之時，社會風氣澆薄，諸侯以攻伐爲賢，孟子以王道爲天下倡，而欲濟天下之弊，而其說終不行。荀子之時，諸侯僭竊，禮樂崩壞，大道陵遲，故荀子主張德禮兼施，刑政並用，其尊君隆禮之思想，蓋亦因時制宜也。玆將其政治思想，析之如后：

一、禮　治

荀子之政治思想，以禮治爲中心。而其涵攝範圍，則極廣泛，上自治國平天下之治術，下至個人立身處世準則，皆涵攝於禮之範圍之中。惟其與孔孟不同者，孔孟重視禮治，在由未然着手；重律己法治之藩籬。

，誘民向善；荀子重視禮治，在由己然着手，重制裁，懲惡而歸善。故荀子之禮治思想，實際已趨向

「分均則不偏，埶齊則不一，衆齊則不使，有天有地而上下有差，明王始立而處國有制。夫兩貴之不能相事，兩賤之不能相使，是天數也。勢位齊，而欲惡同，物不能澹，則必爭，爭則必亂，亂則窮矣。先王惡其亂也，故制禮義以分之，使有貧富貴賤之等，足以相兼臨者，以養天下之本也。」（王制篇）

「禮者，治辨之極也，强國之本也，威行之道也，功名之總也。王公由之所以得天下也，不由之所以隕社稷也。故堅甲利兵不足以爲勝，高城深池不足以爲固，嚴令繁刑不足以爲威，由其道則行，不由其道則廢。」（議兵篇）

「凡用血氣、志意，由禮則治通，不由禮則勃亂提慢。食飲、衣服、居處、動靜，由禮則和節，不由禮則觸陷生疾。容貌、態度、進退、趨行，由禮則雅，不由禮則夷固僻違，庸衆而野。故人無禮則不生，事無禮則不成，國無禮則不寧。」（修身篇）

荀子以禮爲治國之本，强國之基。立身行事之準則，君王以禮治國，乃在養欲給求，使有貴賤之等，貧富之差，以解決人類之紛爭與動亂。故曰：「禮者，法之大分，類之綱紀也。」（勸學篇）由禮治國，譬如衡之於輕重，繩墨之於曲直，規矩之於方圓，衡之誠懸，繩墨誠，規矩誠設，則人莫得而逾越之。而「人君者，管分之樞要也。」（富國篇）故人君由禮則治，不由禮則亂也。

二、王霸

荀子之政治思想，雖重視王道，然對霸道並無反感，此或時代使然也。蓋周室既微，王道不行，既無仁君可臨天下之民，退而不得求其次，如有霸者之主，能奉遵王室行其征伐，則猶較諸侯之互相兼併，以攻伐爲賢，則民之生命塗炭，或可減輕也。玆觀其論王霸之分曰：

「絜國以呼禮義而無以害之，行一不義，殺一無罪，而得天下，仁者不爲也。擽然扶持心國，且若是其固也！之所與爲之者，之人則擧義士也；之所以爲布陳於國家刑法者，則擧義法也；主之所極然帥群臣而首鄉之者，則擧義志也。如是，則下仰上以義矣，是綦定也。綦定而國定，國定而天下定，……是所謂義立而王也。」（王霸篇）

「德雖未至也，義雖未濟也，然而天下之理略奏矣，刑賞已諾，信乎天下矣，臣下曉然皆知其可要也。政令既陳，雖覩利敗，不欺其民，約結已定，雖覩利敗，不欺其與，如是則兵勁城固，敵國畏之，國一綦明，與國信之，雖在僻陋之國，威動天下，五伯是也。非本政教也，非致隆高也，非綦文理也，非服人之心也，鄉方略，審勞佚，謹畜積，脩戰備，齺然上下相信，而天下莫之敢當。……是謂信立而霸也。」（王霸篇）

荀子之王霸篇，主要在申論「義立而王，信立而霸。」王者若湯武，以百里而能一天下，莫不服從，此在荀子之世，已不可得矣。故若五伯者，雖不能服人之心，然能以信約天下之諸侯，行征伐之生活於不顧者，而身死國亡，亦云善也。

權。較之戰國之世，諸侯之國，以功利是尙，不張德義，不以信約，朝秦暮楚，惟利之是與，置人民生活於不顧者，而身死國亡，亦云善也。

三、法後王

荀子與孟子不同者，一是主性惡，一是法後王。此二者名異而旨歸則同。性善性惡，其旨則同勉人爲善。先王後王，其旨則同期於治。荀子乃篤實踐履之學者，以爲去古太遠之言行與規範，因爲年湮代邈，略而不詳，不能爲後世之法則，所謂「文久而息，節族久而絕。」故不若法後王之詳明可據，而與時代相契者也。

「聖王有百，吾孰法焉。故曰：文久而息，節族久而絕，守法數之有可，極禮而褫。故曰：欲觀聖王之跡，則於其粲然者矣，後王是也。彼後王者，天下之君也；舍後王而道上古，譬之是猶舍己之君而事人之君也。故曰：欲觀千歲，則數今日，欲知億萬，則審一二。欲知上世，則審周道。欲知周道，則審其人，所貴君子。」（非相篇）

「五帝之外無傳人，非無賢人也，久故也；五帝之外無傳政，非無善政也，久故也。禹湯有傳政，而不若周之察也，非無善政也，久故也。傳者久則論略，近則論詳，略則舉大，詳則舉小，愚者聞其略而不知其詳，聞其細而不知其大也。是以文久而滅，節族久而絕。」（非相篇）

故荀子承認先王之中有賢人，亦有善政，所惜者古昔人之法令政典，因年代久遠，傳者知其略而不知其詳，貿然取其大略以爲法，容易造成「略法先王而不知其統之弊。」門庭之間猶可欺誣，而況於千世之上乎？故欲知上古，必審今日，欲法先王，不若審周道，因周道明備，經歷代聖王參驗，革陳增新，最適合當世之需要。故天論篇云：「百王之無變，足以爲道貫。」此其法後王之由也。

四、君　道

荀子於治國，雖極注重禮治，然亦注重人治，蓋禮法皆由人而爲，無人以行之，則禮法成爲具文。此與孟子「徒善不足以爲政，徒法不能以自行」相通也。故其在君道篇開首卽曰：「有亂君，無亂國，有治人，無治法……故法不能獨立，類不能自行，得其人則存，失其人則亡。法者治之端也，君子者法之原也。」故禮法之治，必賴於得人。而人君乃管禮法之樞紐。故君道篇又曰：「君者儀也，民者景也，儀正而景正；君者槃也，民者水也，槃圓而水圓。」又曰：「君者，民之原也，原清則流清，原濁則流濁。」故君人之於治國，豈不重乎？然君人之人品，究將如何？在荀子之意，仍以修其身而天下平。故君道篇曰：「請問爲國？曰：聞修身，未聞爲國也。」故其理想中之國君，仍以聖王爲依歸。故其云：

「道者何也？曰：君子所道也。君者何也？曰：能群也。能群者何也？曰：善生養人者也；善班治人者也；善顯設人者也；善藩飾人者也。善生養人者人親之；善班治人者人安之；善顯設人者人樂之；善藩飾人者人榮之；四統者俱，而天下歸之；之謂能群。」（君道篇）

「故君人者，欲安，則莫若平政愛民矣；欲榮，則莫若隆禮敬士矣；欲立功名，則莫若尙賢使能矣；是君人者之大節也。三節者當，則其餘莫不當矣。三節不當，則其餘雖曲當，猶將無益也。」（王制篇）

其論治國之道，以爲爲君之道，在管理人民之事，故曰君者善群者也。而治人之道，有四統三節。四統之道，卽第一在養民，使民各得其生；第二在理民，使各得其職；第三在用人，使賢者在位；第四在保民，使各得其安。三節之事，亦言養民、理民、用賢、使能之道。古今言治國者，其端雖殊，大概皆不離管、敎、養、衞之事。荀子所論，亦大較得之矣。

五、臣　道

荀子有臣道篇，專論爲臣之道。治國之君，莫不欲得賢臣而治之，以致國君於堯舜。然賢臣聖君之相遇，千古不常有，若湯之於伊尹，武王之於周公。故爲人臣者，在能擇主而事之，以盡人臣之職而已。荀子遍閱往古，於人臣之分，論之極詳。故臣道篇有態臣、篡臣、功臣、聖臣、忠臣、諫臣、諍臣、拂臣、輔臣、社稷之臣、國賊之等。並舉古人以例之，可謂觀察入微，惟荀子以爲臣之道，全在觀君之質，而盡人臣之道也。

「事聖君者，有聽從無諫諍；事中君者，有諫諍無諂諛，事暴君者，有補削無撟拂。迫脅於亂時，窮居於暴國，而無所避之，則崇其美；揚其善，違其惡，隱其敗，言其所長，不稱其所短

，以爲成俗。」（臣道篇）

「恭敬而遜，聽從而敏，不敢有以私取與也，以順上爲志，是事聖君之義也。忠信而不諛，諫爭而不諂，矯然剛折端志而無傾側之心，是案曰是，非案曰非，是事中君之義也。調而不流，柔而不屈，寬容而不亂，曉然以至道而無不調和也，而能化易，時關內之，是事暴君之義也。若馭樸馬，若養赤子，若食餧人，故因其懼也而改其過，因其憂也而辨其故，因其喜也而入其道，因其怒也而除其怨，曲得所謂焉。」（臣道篇）

聖君之知，無所闕失，故爲臣者，必恭敬而謙遜，聽從其言而行敏疾。故不以私意決事，不以己意取與，以順上爲志，故有聽從無諫諍也。中君之知，不能全察，有是處，有非處，是則是之，然不流於諛，過則諫之，然不流於諂。惟以忠信之心，以矯其過，而無傾陷反側之心。事暴君者，和調而不同流合污，柔婉而不順屈，以正道喻之，使其化易，時時關納之，以通其情。故事暴君若馭未馴之馬。責之不可太驟，操之不可過急，懼則改其過，憂則變其習，喜則告以正道，怒則除其怨惡。總在調之得宜，適可而止。

六、富　國

治國之道，一在理民，一在養民。理民在分職，養民在富國，國富然後民養。惟國之富否，不在君主一人之奉厚，臣士之祿豐，而在人民之生活水準提高也。此與論語所云：「百姓足，君孰與不足；百姓不足，君孰與足。」（顏淵）故荀子曰：「故王者富民，霸者富士，僅存之國富大夫，亡國富筐篋，實府庫，筐篋已富，府庫已實，而百姓貧，夫是之謂上溢而下漏。」（王制篇）故富國之道，全在富民，然富民之道爲何？荀子之意，仍不外一在重農，此與中國古代經濟體制有關；一在開源節流，此千古理財之大經也。

「故養長時，則六畜育。殺生時，則草木殖。政令時，則百姓一，賢良服，聖王之制也。草木華榮滋碩之時，則斧斤不入山林，不夭其生，不絕其長也。黿鼉魚鱉鰌鱣孕別之時，罔罟毒藥不入澤，不夭其生，不絕其長也。春耕夏耘，秋收冬藏，四者不失時，故五穀不絕，而百姓有餘食也。汙池淵沼川澤，謹其時禁，故魚鱉優多而百姓有餘材也。」（王制篇）

「足國之道，節用裕民，而善藏其餘。節用以禮，裕民以政。彼裕民故多餘，裕民則民富，民富則田肥以易，田肥以易則出實百倍，上以取法焉，而下以禮節用之，餘若丘山，不時焚燒，無所藏之。夫君子奚患乎無餘，故知節用裕民，則必有仁義賢良之名，而且有富厚丘山之積矣。此無他故焉，生於節用裕民也。」（富國篇）

荀子主張富國之道，一在重農，使不違農時，不絕其長，不夭其生，與孟子之「不違農時，穀不可勝食也；斧斤以時入山林，材木不可勝用也；數罟不入汙池，魚鱉不可勝食也。」相同。而富國之道，除重農時外，更益之以節用、裕民，兼籌並顧，故「節其流，開其源」，乃千古富國者理財之大經，此堯有九年之水，湯有七年之旱，而民不凍饑者，以其有備而有餘積也。

儒家諸子，荀子後出。當其時，儒道之湮沒，異說之多端，較孟子之時爲尤甚。荀卿之出，其非十二子之說，議論之醇，識見之博，故其有功儒家，當不在孟子下。至其學說之特質，一言以蔽之曰：則爲制天命之科學精神，善剖析心理之性惡論。及崇禮治之社會規範。故在儒家言，孔子是仁者，仁者惻怛精誠，富同情心，顯開濶之氣象，故其仁如水，無處不在，人受其澤。孟子是義者，義者剛正不阿，是則是之，非則非之，顯獨立之氣慨。故其義如海，汪洋無際，而潮汐有時。荀子是智者，智者條分縷析，知類明統，顯理智之明澈。故其禮如河，有河床，有堤岸，循其道而行之。益以其重實踐之精神，故能繼孟子之後爲儒家大放異彩也。

第四章　老子學述

道德經作者老子，其身世至今聚訟紛紜，莫得究竟，惟據史記老莊申韓列傳則云：

「老子者，楚苦縣厲鄉曲仁里人也。姓李氏，名耳，字伯陽，謚曰耼。周守藏室之史也。孔子適周，將問禮於老子。老子曰：子所言者，其人與骨皆已朽矣，獨其言在耳。且君子得其時則駕，不得其時則蓬累而行。吾聞之，良賈深藏若虛，君子盛德容貌若愚，去子之驕氣與多欲，態色與淫志，是皆無益於子之身，吾所以告子者若是而已。孔子去，謂弟子曰：鳥吾知其能飛，魚吾知其能游，獸吾知其能走。走者可以爲罔，游者可以爲綸，飛者可以爲矰，至於龍吾不能知，其乘風雲而上天。吾今日見老子，其猶龍邪！老子修道德，其學以自隱無名爲務。居周久之，見周之衰，迺遂去至關，關令尹喜曰：子將隱矣，强爲我著書，於是老子迺著書上下篇，言道德之意，五千餘言而去，莫知其所終。或曰：老萊子亦楚人也，著書十五篇，言道家之用，與孔子同時云。蓋老子百有六十餘歲，或言二百餘歲，以其修道而養壽也。自孔子死之後，百二十九年，而史記周太史儋見秦獻公曰：始秦與周合而離，離五百歲而復合，合七十餘歲而霸王者出焉。或曰儋卽老子，或曰非也，世莫知其然否，老子隱君子也。老子之子名宗，宗爲魏將，封於段干。宗子注，注子宮，宮玄孫假，假仕於漢孝文帝，而假之子解爲膠西王卬太傅，因家於齊焉。世之學老子者，則絀儒學，儒學亦絀老子，道不同，不相爲謀，豈謂是邪？」

故史記所云之老子，究竟何人爲道德經作者，世莫能知，故爲學術史上之疑案。至老子一書，又名道德經，版本衆多，然以晉王弼注老子道德經爲通行。全書共五千二百八十字，分爲八十一章，上下兩部，第一章至第三十七章，稱爲上經，三十八章至八十一章稱爲下經。第一章首句爲「道可道，非常道。」第三十八章首句爲「上德不德，是以有德。」因此俗稱上經爲道經，下經爲德經。而道德經之名，蓋由此而來。

壹 形上論

春秋戰國之世，乃中國學術之黃金時代，由於敎育普及，知識發達，人對於天之概念，逐漸由天主宰一切之概念獲得解放，人文主義因而興起。天在儒家思想中，已有道德性之轉化。墨子思想中之天，天志成爲外在之標準，人當視天意而行事。老子對天之觀念，與孔墨不同，天已失去人格神之意味，以天爲自然，人力所不能及，故主張尊天而黜人，不以人賊天。故三家尊天之態度雖同，而對天之理解，却有不同。儒家思想中之天，已含有濃厚之道德人格。墨家思想中之天，乃宗敎色彩。道家思想中之天，僅爲自然而已。故道家之形上哲學，可從下列所言者觀之。

一、本體說

「有物混成，先天地生，寂兮寥兮，獨立不改，周行而不殆，可以爲天下母，吾不知其名，字之曰道。强爲之名曰大。」（三十五章）

道之爲物，惟恍惟惚，惚兮恍兮，其中有象，恍兮惚兮，其中有物。窈兮冥兮，其中有精，其精甚眞，其中有信。自古及今，其名不去，以閱衆甫。吾何以知衆甫之狀哉，以此。」（三十一章）

老子之本體論，以道爲基本觀念，道爲宇宙萬象之本體。先天地而生，而道之爲物，寂兮則無聲，寥兮無形，恍惚雖似不可見，然不可指其爲無物無象，此物此象之精眞，可以周行不殆，永恆不滅，而爲萬物萬象之所從出，故曰其「爲天下母。」惟此道雖爲宇宙之本體，然在老子書中，却有不同之稱名：

「無，名天地之始；有，名萬物之母……此兩者同出而異名，同謂之玄。」（一章）

「谷神不死，是謂玄牝，玄牝之門，是謂天地根。」（六章）

「大道氾兮，其可左右。萬物恃之而生而不辭，功成不名有，衣養萬物而不爲主。常無欲，可名於小；萬物歸焉而不爲主，可名爲大。」（三十四章）

「執大象，天下往。」（三十五章）

「昔之得一者，天得一以清，地得一以寧，神得一以靈，谷得一以盈，萬物得一以生，侯王得一以爲天下貞。」（三十九章）

老子玄妙之文，給人於「道」有不可捉摸之感，忽謂之「有」，忽謂之「無」，忽謂之「玄」，忽謂之「谷神」，忽謂之「玄牝」。忽謂之「小」，忽謂之「大」，忽謂之「大象」，忽謂之「天下母」，忽謂之「一」，若不細察，似皆爲道之別名。若細玩之，宇宙之本體卽爲「道」，道之外無他物。其餘稱皆狀道之爲狀。謂之「無」者，以道無實體；謂之「有」者，以道生萬物；謂之「玄」者，以道玄妙不可測；謂之「谷神」「玄牝」者，以道至虛容萬有；謂之「小」者以其微，謂之「大」者以其廣，謂之「大象」者以其狀萬形，謂之「母」者以其爲萬物所從出，謂之「一」者以其無有耦也。故道不可知，可知則非道。故曰：「道可道，非常道。」其所以難測之由，老子又云：

「視之不見名曰夷，聽之不聞名曰希，搏之不得名曰微；此三者不可致詰，故混而爲一，其上不皦，其下不昧，繩繩不可名，復歸於無物，是謂無狀之狀，無物之象，是謂惚恍，迎之不見其首，隨之不見其後。」（十四章）

故道雖不可聞，不可見，而本體自在，非可以知識之觀點加以究詰，非可以言語加以表達，而奧妙難知，老子雖譬之多方，然愈譬而令人愈不可捉摸，正以此也。韓非乃法家之宗匠，其學出於老子，有解老喻老之作，其對道之見解，爲解道之先見者，今觀其言曰：

「道者，萬物之所以然也，萬物之所稽也。理者，成物之文也；道者，萬物之所以成也。故曰：道理之者也。物有理不可以相薄。物有理不可以相薄，故理之爲物之制，萬物各異理，而道盡稽萬物之理，故不得不化，不得不化故無常操，無常操，是以死生氣稟焉，萬智斟酌焉，萬事興廢焉。天得之以高，地得之以藏，維斗得以成其威，日月得以恆其光，五常得之以常其位，列星得之以端其行，四時得之以御其變氣，軒轅得之以擅四方，赤松得之與天地統，聖人得之以成文章。道與堯舜俱智，與接輿俱狂，與桀紂俱滅，與湯武俱昌。以爲近乎，遊於四極，以爲遠乎，常在吾側，以爲暗乎，光昭昭，以爲明乎，其物冥冥，而功成天地，和化雷霆，宇內之物，恃之以成。凡道之情，不制不形，柔弱隨時，與理相應，萬物得之以死，得之以生，萬物得之以敗，得之以成。道譬諸若水，溺者多飲之卽死，渴者適飲之卽生；譬之若劍戟，愚人行忿則禍生，聖人以誅暴則威成，故得之以死，得之以生，得之以敗，得之以成。」

二、宇宙論

老子之本體論，以道爲宇宙之本體，而在宇宙論方面，則以道爲宇宙萬物生成變化之原理及法則。老子既認定宇宙萬物包含於大道之中，巨細不遺，而萬物之運動遷化，亦皆在道之運動遷化之中，其運動遷化之原理，純乎自然，未加任何力量，亦非任何力量所可改變，所可催促，所可阻止，自運自化，無止無休，故其宇宙論，可稱之爲自然之宇宙論，今觀其言曰：

「天長地久，天地所以能長且久者，以其不自生，故能長生。」（七章）

「致虛極，守靜篤，萬物並作，吾以觀復。」（十六章）

「天下萬物生於有，有生於無。」（四十章）

「道生一，一生二，二生三，三生萬物。萬物負陰而抱陽，沖氣以爲和。」（四十二章）

「道生之，德畜之，物形之，勢成之，是以萬物莫不尊道而貴德。道之尊，德之貴，夫莫之命而常自然。故道生之，德畜之，長之育之，成之熟之，養之覆之。生而不有，爲而不恃，長而不宰，是謂玄德。」（五十一章）

老子以謂天地之生，由於自然之道，在自然之道中，萬物芸芸自生，萬物雖生於道，而其生成之後，則由德畜之，以使其成長。故曰：「長之育之，成之熟之，養之覆之。」德雖育養萬物，而不爲之主，故謂玄德。故道爲宇宙萬物生成變化之基本元素，則德爲聯合此元素而成萬物之愛力或能力，可達物形而勢成，自然而然，不假人力，故曰：「道之尊，德之貴，夫莫之命而常自然。」故自然之道生長萬物，育養萬物，而萬物之並生並存，相處而無害，猶賴此道以維之。今觀其言曰：

「天之道，不爭而善勝，不言而善應，不召而自來，繟然而善謀，天網恢恢，疏而不失。」（七十三章）

「天之道，其猶張弓與？高者抑之，下者舉之，有餘者損之，不足者補之。」（七十七章）

「天道無親，常與善人。」（七十九章）

「天之道，利而不害。」（八十一章）

「功遂身退，天之道。」（九章）

宇宙萬物之能並生並存，卽賴此道以維繫之，故此道之特性，以老子之言觀之，一曰不爭性，不爭則無私，坦然而大公。二曰適應性，萬物不齊，不能無害無背，天道則可損有餘補不足。三曰：利他性，天雖裁制萬物，然在利其生，非害其生，故利而不害。萬物之所以並生並作，形成芸芸之宇宙，卽賴此自然之道默默中之運行，萬物法之則生，不法之則死，故二十五章又云：「人法地，地法天，天法道，道法自然。」惟老子道法自然一語，是否否定道爲宇宙之根源。關於此點，嚴靈峯先生老子達解自序云：

「從來研究老子的人，都以老子書中以「道」字爲最高範疇時，其實，自宇宙本體言之，則爲道；自演化的程序言之，則以自然爲極致。」

故在人類思想中，關於萬物創生之問題，由於宗敎及人本思想之影響，或云宇宙乃神之創造，或云宇宙乃人之創造。上帝創造萬物，代表前者；人定勝天思想，代表後者，老子反對此類思想，故曰「道法自然」。道之重要屬性卽自然，非道之上，另有自然也。故其宇宙論以自然爲宗。

貳　人生論

老子之人生哲學，因其重視自然，故其論人生哲學，主張修己以攝生。而修己攝生之道，則在寡慾與知足，返樸而歸眞。因其從宇宙看人生，人在嬰兒階段，純樸自然。然在生命成長中，由於世俗之染，純樸與自然遞減，虛僞與造作則逐漸增加，生命之成長，乃反自然之過程。人欲拾回失去之純眞自然，須反逆社會之發展，於本身痛下功夫。故老子提倡自然之道德說，反對人爲造作之道德。前者可名之爲大道，後者可名之爲禮義，或說前者屬於上德，後者屬於下德。大道或上德是自然純眞，無所爲而爲，不識不知。下德或禮義，是出於人爲之僞。產生於風俗之澆薄。茲先述其道德觀：

一、道德觀

「上德不德，是以有德；下德不失德，是以無德。上德，無爲而無不爲；下德，爲之而有不爲。上仁，爲之而無以爲；上義，爲之而有以爲。上禮，爲之而莫之應，則攘臂而扔之。故失道而後德，失德而後仁，失仁而後義，失義而後禮。夫禮者，忠信之薄而亂之首。前識者，道之華，而愚之始。是以大丈夫處其厚，不居其薄，處其實，不居其華，故去彼取此。」（三十八章）

韓非子解老篇釋此義曰：

「德者內也，得者外也。上德不德，言其神不淫於外也。神不淫於外則身全，身全之謂德。得者，得身也，凡德者以無爲集，以無欲成，以不思安，以不用固。爲之欲之，則德無舍，德無舍則不全，用之思之則不固，不固則無功，無功則生於德，德則無德，不德則在有德，故曰：

上德不德，是以有德。所以貴無爲無思爲虛者，謂其意無所制也。夫無術者，故以無爲無思爲虛也。夫故以無爲無思爲虛者，其意常不忘虛，是制於爲虛也。虛者，謂其意無所制也。今制於爲虛，是不虛也。虛者之無爲也，不以無爲爲有常，不以無爲爲有常則虛，虛則德盛，德盛之謂上德。故曰：上德無爲而無不爲也。仁者，謂其中心欣然愛人也。其喜人之有福，而惡人之有禍也。生心之所不能已也，非求其報也。故曰：上仁爲之而無以爲也。義者，君臣上下之事，父子貴賤之差也，知交朋友之接也，親疏內外之分也……義者，謂其宜也，宜而爲之，故曰：上義爲之而有以爲也。禮者，所以貌情也，羣義之文章也，君臣父子之交也，貴賤賢不肖之所以別也……衆人之爲禮也，以尊他人也，故時勸時衰，君子之爲禮，以爲其身，以爲其身，故神之爲上禮，上禮神而衆人貳，故不能相應，不能相應，故曰：上禮爲之而莫之應。衆人雖貳，聖人復恭敬盡手足之禮也不衰，故曰：攘臂而仍之。道有積而德有功，德者道之功，功有實而實有光，仁者德之光，光有澤而澤有事，義者仁之事也，事有禮而禮有文，禮者義之文也。故曰：失道而後失德，失德而後失仁，失仁而後失義，失義而後失禮。」

吳草廬道德眞經注釋之曰：

「按老子上篇首章，分說道德。下篇首章，分說道德仁義禮智。吾之所謂道德仁義禮智，以其天地人物之所共由者曰道，以其人物之所得於天地者曰德。德其統名，分言則四。得天地生物之元以爲德，而溫然慈愛者曰仁；得天地收物之利以爲德，而截然裁制者曰義；得天地長物之亨以爲德，而桀然文明者曰禮；得天地藏物之貞以爲德，而渾然周知者曰智。老子則以道爲無名，德爲有名。自德而爲仁義禮智，每降愈下，故此章之等，以道爲一，在德之上，故曰上德。以德爲二，在仁之上，故曰上仁。以仁爲三，在德之下，義之上，故曰下德上義。以義爲四，在禮之上，故曰上禮。而總名之曰：失道而後德，失德而後仁，失仁而後義，又繼之曰失義而後禮，以禮爲五也，又先言失禮而後言前識，以智爲六也。」

吾人以道爲原理，爲本體，乃天地萬物之所從出，不能言說，故無名。迨其發爲功能，見於德行，則可以表以事象，見之於言說，故曰有名，而德之町畦藩籬，可以指數者，則有慈愛之仁，裁制之義，文明之禮，周知之智，此等悉是善行，言其每降愈下者，言人如不離其元德，則仁義禮智之功能不現。故曰：「大道廢，有仁義；智慧出，有大僞，六親不和，有孝慈，國家昏亂有忠臣。」（十八章）皆失元德之故也。故其主張修身以建德。

「善建者不拔，善抱者不脫，子孫以祭祀不輟。修之於身，其德乃眞；修之於家，其德乃餘；修之於鄉，其德乃長；修之於邦，其德乃豐；修之於天下，其德乃普。故以身觀身，以家觀家，以鄉觀鄉，以邦觀邦，以天下觀天下。吾何以知天下然哉？以此。」（五十四章）

故老子主張修德以復道，復道者，復其本然之自我，本然之自我，得之於天然，無人爲，無矯揉，乃是充實自我後自然之流露，因其非人爲，故不拔不脫。能以之修身者，乃謂眞德，眞德可以化家、治鄉，以普於國、以澤於天下，人人復其元德，則天下之平治，世界之大同可期矣，莊子引申此義曰：「道之眞，以治身，其餘緒，以爲國家，其土苴，以治天下。」亦此義也。故聖人修道德，無私我，復其本然爲已務。老子曰：

「聖人無常心，以百姓心爲心。善者吾善之，不善者吾亦善之，德善矣，信者吾信之，不信者吾亦信之，德信矣。聖人在天下，歙歙焉爲天下渾其心，聖人皆孩之。」（四十九章）

二、攝生論

老子重視「道」爲宇宙之本體，至善之根源。其人生之理想，在人人修己以復道，修己之道，即在崇己德，故曰：「道生之，德畜之。」而修己攝生之道，在人人從名利聲色中超拔，復其本眞。欲達此境，必須實踐以下之功夫。一曰寡慾以知足，二曰主靜以致虛，三曰返樸以歸眞，分詳之如後：

㈠寡慾與知足

「五色令人目盲，五音令人耳聾，五味令人口爽，馳騁田獵，令人心發狂，難得之貨，令人行妨。」（十二章）

「不見可欲，使民心不亂，是以聖人之治，虛其心，實其腹，弱其志，强其骨，常使民無知無欲。」（三章）

故人攝生之道，首宜撥絕利慾，返歸自然之樸。反之則巧僞日甚，德日偸而世愈亂。故欲消除人害生之根源，在徹底消滅人生之貪慾，而人類一切貪慾，皆由於聲色滋味之引起，人苟知聲色滋味之害，而能不見可欲，則常德乃足，復歸於樸。而去欲之道，則在知足。

「名與身孰親？身與貨孰多？得與亡孰病？是故甚愛必大費，多藏必厚亡。知足不辱，知止不殆，可以長久。」（四十四章）

「持而盈之，不如其已；揣而銳之，不可長保；金玉滿堂，莫之能守；富貴而驕，自遺其咎；功遂身退，天之道。」（九章）

人之有欲，在於不知足，俗云知足常樂。故曰：「知足者富。」（三十三章）且欲者，情之應也。爲人類之本性，然人貪欲多求，則勢必機心愈出，傷生害理，莫此爲甚。而其結果，必引招禍咎。故又曰：「禍莫大於不知足，咎莫大於欲得。」（四十六章）如人能洞悉求欲之目的，在求吾生之舒適，如因求欲反而傷生，則是捨本逐末之道。而人生有限，富與貴焉可長保，故不如適可而止，功遂身退，此所謂「是以聖人去甚，去奢、去泰。」（二十九章）乃知足不辱，知止不殆之道也。

㈡致虛與主靜

「是以聖人虛其心，實其腹。」（三章）

「道沖，而用之或不盈，淵兮，似萬物之宗。」（四章）

「居善地，心善淵。」（八章）

「三十幅，共一轂，當其無，有車之用。埏埴以爲器，當其無，有器之用。鑿戶牖以爲室，當其無，有室之用。故有之以爲利，無之以爲用。」（十一章）

「保此道者不欲盈，夫唯不盈，故能敝而新成。」（十五章）

「大盈若冲，其用無窮。」（四十五章）

老子認為「道」之最高境界是虛無，故常云：「天下萬物生於有，有生於無。」故虛無是道之最高境界，雖其無，然無不有，故「虛」之妙用最神。人之朝夕營營，皆由於此心不虛，無時不受物之牽纏，無時不受物之限制，若能致虛，使此心常無為、無欲、無智、無身，其妙用更無窮。譬若車幅，以其虛，故車能轉；譬若器，以其虛，故能盛容；譬若室，以其虛，故能居人。而虛者無，無者不敝，故能持久常新，吾人身心能常保此虛極之道，則於攝生之功亦大矣。惟致虛之道，則仍在主靜：

「致虛極，守靜篤，萬物並作，吾以觀復。夫物芸芸，各歸其根。歸根曰靜，是謂復命。復命曰常，知常曰明。不知常，妄作凶。」（十六章）

「重為輕根，靜為躁君，是以君子終日行不離輜重。雖有榮觀，燕處超然。奈何萬乘之主，而以身輕天下。輕則失根，躁則失君。」（二十六章）

「無欲以靜，天下將自定。」（三十七章）

「躁勝寒，靜勝熱，清靜為天下正。」（四十五章）

「牝常以靜勝牡，以靜為下。」（六十一章）

萬物由壯而老，由盛而衰，乃出於虛靜復歸於虛靜。萬物如此，人焉例外。然人有慾望，人會妄動，有欲則不虛，有動則不靜，故人類之生命歷程，常違反自然。故欲使人順其自然歷程之發展，惟有使此心常保持空明寧靜之狀態，不受私慾與外界活動之擾攘，使此靈明之心蔽塞，不見天地萬物順生之理。惟有在此心虛無一物，靜若止水，才可洞悉萬物生機芸芸並作之理。故善攝生者，必須致虛、守靜，才可歸根復命。歸根者，反本心之虛靜也，復命者，得性命之常也，卽全受全歸之意也。

㈢返樸與歸眞

「載營魄抱一，能無離乎？專氣致柔，能如嬰兒乎？滌除玄覽，能無疵乎？」（十章）

「衆人熙熙，如享太牢，如登春臺，我獨泊兮其來兆，如嬰兒之未孩。」（二十章）

「含德之厚，比於赤子。毒蟲不螫，猛獸不據，攫鳥不搏。骨弱筋柔而握固，未知牝牡之合而全作，精之至也，終日號而不嗄，和之至也。」（五十五章）

人之攝生，惟有守身不離於道，不使魂魄外馳，保持其本然之常德，常德不離於道，則復返嬰孩之全。所謂「大人者，不離其赤子之心者也。」赤子者，天生之資質，無知無欲。居不知其所爲，行不知其所止。此人生含德最厚之時，故曰「常德不離，復歸於嬰兒。」又云：「常德乃足，復歸於樸。」（二十八章）此人生修養最高之境，亦攝生至善之境。故老子又云：

「蓋聞善攝生者，陸行不遇兕虎，入軍不被甲兵；兕無所投其角，虎無所用其爪，兵無所容其刄。夫何故，以其無死地。」（五十章）

人能攝生如嬰兒之德，渾噩無所欲，無所爭，則萬物芸芸並作而不相背，而不相害。雖兕虎之猛，甲兵之利，皆傷人之器物，惟傷人者，以恐人之傷己，旣無懼其傷己，則何亦傷人之有？攝生若是，其功亦大矣。

三、處世說

老子對人生極洞悉之觀察，其道德觀，以人生道德之儀文，乃忠信之薄而亂之首。在攝生論，主張寡慾、主靜、歸眞。而在應世態度上，則又主張善柔、不爭、愼微與反察，其道如後：

㈠善柔

「人之生也柔弱，其死也堅強。萬物草木之生也柔脆，其死也枯槁。故堅強者死之徒，柔弱者生之徒。是以兵強則不勝，木強則兵。強大處下，柔弱處上。」（七十六章）

「天下莫柔弱於水，而攻堅強者莫之能勝，其無以易之，弱之勝強，柔之勝剛，天下莫不知，莫能行。」（七十八章）

老子體認道之運化及自然事物現象，發現柔弱勝剛強之理。觀夫水之至柔，而能衝山石鑿成江河，又見舌柔齒剛，齒落而舌常存。此皆柔弱勝剛強之證。故曰：「以天下至柔，馳騁天下之至堅。」（四十三章）老子對人生處世，不僅主張以柔弱勝剛強，亦主張處下與不爭，凡能不爭者，則天下人莫能與之爭也。

㈡不爭

「上善若水，水善利萬物而不爭，處衆人之所惡，故幾於道。……夫唯不爭，故無尤。」（八

章）

「不自見故明，不自是故彰，不自伐故有功，不自矜故長，夫唯不爭，故天下莫能與之爭。」（二十二章）

「江海所以能爲百谷王者，以其善下之，故能爲百谷王。是以欲上民，必以言下之，欲先民，必以身後之，是以聖人處上而民不重，處前而民不害，是以天下樂推而不厭，以其不爭，故天下莫能與之爭。」（六十六章）

「善用人者爲之下，是謂不爭之德，是謂用人之力，是謂配天之極。」（六十八章）

老子以人世之糾紛，皆在爭，而爭之道，則在欲居人之上。欲取人之利，故不爭名，則爭利。爭之結果，天下大亂。故欲息人世之糾紛，莫若持之以居下不爭之哲學。夫唯不爭者，則與之爭者則失其相爭之對象，故不爭者常勝，故其言曰：「天之道，不爭而善勝。」（七十三章）且不爭則無恩怨之結，故曰：「夫唯不爭，故無尤。」故不爭之處世哲學，無往而不利也。

㈢愼微

「圖難於其易，爲大於其細。天下難事，必作於易。天下大事，必作於細。是以聖人終不爲大，故能成其大。夫輕諾必寡信，多易必多難。是以聖人猶難之，故終無難矣。」（六十三章）

「其安易持，其未兆易謀，其脆易泮，其微易散。爲之於未有，治之於未亂。合抱之木，生於毫末，九層之台，起於累土，千里之行，始於足下。民之從事，常於幾成而敗之，愼終如始，

則無敗事。」（六十四章）

此登高自卑，行遠自邇之道也。故防患當於未然。俗云：「星星之火，可以燎原。」事在未兆之前，能洞燭機微，未雨綢繆，則易治也。否則迨其已發，則不易爲功，此人無遠慮，必有近憂也。故謀事之道，在圖難於易，爲大於細，愼終敬始，則永無敗事也。

㈣反察

老子對於天下萬事萬物之觀察，精細入微。常不從事物道理之正面去瞭解事物，常從其反面觀察之。蓋事物之正面，人人得知而明之，惟其反面，則非有心者不能注意及之。而事物道理之正面，淺而易知，事物道理之反面，陰晦難測，故其觀察，雖非常道而常有至理，故余稱之爲反察哲學。

「天下皆知美之爲美，斯惡已；皆知善之爲善，斯不善已；故有無相生，難易相成，長短相形，高下相傾。音聲相和，前後相隨。」（二章）

「天長地久，天地所以能長久者，以其不自生，故能長生。是以聖人後其身而身先，外其身而身存。非以其無私邪？故能成其私。」（七章）

老者觀察宇宙萬物，認爲「反者道之動。」故物極必反。故美之反爲惡，善之反爲不善，有之反爲無，難之反爲易。萬物雖相反，却亦相成。如有惡斯知美，有不善斯知善，有無斯知有，有易斯知難。以此類推，諸如曲直、敝新、是非、損益、盈沖、巧拙、黑白、榮辱、禍福、奇正、都是相反相待，相反相成，能解此道，方可得事物之眞相，此類語言，在老子書中，眞是不勝枚舉：如其云：

「曲則全，枉則直，窪則盈，敝則新，少則得，多則惑。」（二十二章）

「知其雄，守其雌；……知其白，守其黑；……知其榮，守其辱。」（二十八章）

「將欲歙之，必固張之；將欲弱之，必固强之；將欲廢之，必固興之；將欲取之，必先與之；是謂微明。」（三十六章）

「明道若昧，進道若退，夷道若纇，上德若谷。大白若辱，廣德若不足，建德若偷，質德若渝，大方無隅，大器晚成，大音希聲，大衆無形。」（四十一章）

「大成若缺，其用不弊；大盈老冲，其用不窮；大直若屈，大巧若拙，大辯若納。」（四十五章）

「禍兮福之所倚，福兮禍之所伏。孰知其極。其無正，正復爲奇，善復爲妖。」（五十八章）

能明斯道，繹而尋之，則善之與不善，美之與惡，禍之與福，曲之與直，是之與非，盈之與冲，巧之與拙，榮之與辱，成之與敗，皆在吾人之意念中泯除。然後知萬物之同源同歸，故其云：

「天下有始，以爲天下母，既得其母，以知其子；既知其子，復守其母，沒身不殆。塞其兌，閉其門，終身不勤；開其兌，濟其事，終身不救。見小曰明，守柔曰强，用其光，復其明，無遺身殃，是謂襲常。」（五十二章）

「挫其銳，解其紛，和其光，同其塵，是謂玄同。故不可得而親，不可得而疏，不可得而利，不可得而害，不可得而貴，不可得而賤，故爲天下貴。」（五十六章）

爲人至於斯境，外物外事能不營擾於心，則天下更有何事何物能困擾之者，此道何以致，無非將事物之根源折穿，洞悉其底蘊，此一念之開朗，則人生之境界，眞有海濶天空，鳶飛魚躍之境矣。

四、聖人論

老子之道德觀，攝生論，處世說，其終極之目的，無不欲在完成其理想之聖人。然其理想中聖人之人格爲何？在老子之描繪中，乃一拘謹嚴肅，融和可親，淳厚朴質，空曠開脫，沈靜恬淡，大智若愚之聖人。今觀其言曰：

「古之善爲士者，微妙玄通，深不可識，夫唯不可識，故强爲之容。豫兮若冬涉川，猶兮若畏四鄰，儼兮其若容，渙兮若冰之將釋，敦兮其若樸，曠兮其若谷，混兮其若濁。」（十五章）

「衆人熙熙，如享太牢，如登春臺。我獨泊兮其未兆，如嬰兒之未孩。儽儽兮若無所歸。衆人皆有餘，而我獨若遺，我愚人之心也哉！沌沌兮。俗人昭昭，我獨昏昏；俗人察察，我獨悶悶澹兮其若海，飂兮若無止。衆人皆有以，而我獨頑似鄙。我獨異於人，而貴食母。」（二十章）

故老莊雖同爲道家，而老子書中之聖人，與莊子書中所寫之至人，眞人不同，莊子書中之眞人至人，高邁凌越．舒暢自適。老子書中之聖人，凝靜敦樸，淡泊守志。故其雖同爲道家，莊子之哲學，可爲出世一派，老子之哲學，則是入世一派，此其不同也。

叁　政治論

老子之學，主張尊天而黜人，人生於宇宙之中，因自度德量力，聽任自然之安排與演變。自然之和諧，乃天地間之至善。人依自然而行，必能得最圓滿之發展與演化。反之，如人自作聰明，妄想以人力改天道，結果必弄巧成拙，破壞自然之和諧，政治治國之道亦然。要因循順應，無所爲而爲。絕不可妄求宰制，則將治絲念紛。其治道如後：

一、爲無爲

「將欲取天下而爲之，吾見其不得已。天下神器，不可爲也，不可執也。爲者敗之，執者失之，是以聖人無爲，故無敗，無執，故無失。」（二十九章）

「道常無爲而無不爲，侯王若能守之，萬物將自化。」（三十七章）

「故聖人云：我無爲而民自化，我好靜而民自正，我無事而民自富，我無欲而民自樸。」（五十七章）

此係老子對有爲之政治提出警告，然老子之無爲，用之於個人，非無所事事；用之於政治，非不聞不問。淮南子原道訓曾云：「漠然無爲而無不爲也。所謂無爲者，不先物爲也。所謂無不爲者，因物之所爲也。」老子之圖難於易，爲大於細，不正是有爲乎？故老子之無爲，以爲治理國家，若以強力作爲，暴力把持，勢將自取滅亡。爲政者順其勢而導之，不可強行削足適履，故理想之政治，乃順應自然，因勢利導。故其云：「爲無爲，則無不治。」（三章）爲無爲者，不妄事作爲。故云：「不知常，妄作凶。」（十六章）

二、去智巧

「絕聖棄智，民利百倍，絕仁棄義，民復孝慈，絕巧棄利，盜賊無有。此三者以爲文，不足。故令有所屬，見素抱樸，少私寡慾。」（十九章）

「是以聖人之治，虛其心，實其腹，弱其志，強其骨，常使民無知無欲，使夫智者不敢爲也。」（三章）

「古之善爲道者，非以明民，將以愚之。民之難治，以其智多，故以智治國，國之賊，不以智治國，國之福。知此兩者亦稽式，常知稽式，是謂玄德。玄德深矣，遠矣，與物反矣，然後乃至大順。」（六十五章）

聖與智，使人產生勾鬥，仁與義，使人產生僞飾，貨與利，使人產生爭奪。故釜底抽薪之法，莫若使民歸眞返樸。無私智，無私慾。才能導致良好之政風。老子生當亂世，以世亂莫大於人之勾心鬥角，競相僞飾，因有去智之說，使人誤解，以爲愚民政策，其實老子之愚，乃眞樸之意。故其云：「

我愚人之心也哉！」（二十章）正以「智慧出，有大僞」也。故老子之去智巧，去權術詐僞之智也。

三、簡政令

「天下多忌諱，而民彌貧；朝多利器，國家滋昏；人多伎巧，奇物滋起；法令滋彰，盜賊多有。」（五十七章）

其政悶悶，其民醇醇；其政察察，其民缺缺？」（五十八章）

「太上，不知有之；其次，親而譽之；其次，畏之；其次侮之；信不足焉，有不信焉。悠兮其貴言，功成事遂，百姓皆謂我自然。」（十七章）

法令滋彰，盜賊多有，乃老子對當時刑政之非議。故令愈繁，人民則動輒得咎，狡黠者不免應之以機巧，尋找法令之漏洞，規避之。刁頑欺詐，由是以生。故政治寬厚，人民淳樸；政治嚴苛，人民澆薄。最佳之政治，使人民不感覺有統治者之存在，政府不輕易發號施令，而政事自理。人民安閒自適，「日出而作，日入而息，帝力何有於我哉！」乃政治最善之境界。

四、省刑賦

「民不畏死，奈何以死懼之；若使民常畏死，而爲奇者，吾得執而殺之，孰敢？常有司殺者殺，夫代司殺者殺，是謂代大匠斲，夫代大匠斲，希有不傷其手矣。」（七十四章）

「民之饑，以其上食稅之多，是以饑。民之難治，以其上之有爲，是以難治。民之輕死，以其上之求生之厚，是以輕死。夫唯無以生爲者，是賢於貴生。」（七十五章）

民之情，上使其無以爲生，則鋌而走險。鋌而走險則民不畏死，不畏死則嚴刑不足以懼之。故刑法可禁於小案，不可禁於大亂。而天地不仁，以萬物爲芻狗，則常司殺者也。任之於自然，則善惡自得其所屬。苟以人爲施之，是代天之爲也。此刑之害也。至於稅繁，上多取於民，則民饑，以智術御其下，則下以姦詐欺其上。上奉養厚則取之於民多，取之多則民難爲生，是以輕死。惟省其刑賦，順其自然，故能外其身者而身存，貴其身者其身亡，此善生生之道也。

五、非攻戰

「以道佐人主者，不以兵强天下。其事好還。師之所處，荆棘生焉。大軍之後，必有凶年。」（三十章）

「夫佳兵者，不祥之器，物或惡之，故有道者不處。君子居則貴左，用兵則貴右，兵者不祥之器，非君子之器，不得已而用之，恬淡爲上。勝而不美，而美之者，是樂於殺人。夫樂殺人者，則不可得志於天下矣。」（三十一章）

「天下有道，却走馬以糞。天下無道，戎馬生於郊。」（四十六章）

人類愚味殘酷之行爲，莫過於爭戰。兵燹所至，廬舍爲墟。勝者死人無數，敗者傷殘累累。國破家亡。用兵乃不得已之事，若爲除暴政救民而用之，亦以恬淡爲上。不可勝氣自驕，得意洋洋。此孟子云「故善戰者服上刑，辟草萊任土地者次之。」故善戰者，樂殺人者也，樂殺人者，違反自然之道。必不得其死然。故曰：「强粱者，不得其死。」（四十二章）

六、尚節儉

「大道甚夷，而人好徑，朝甚除，田甚蕪，倉甚虛；服文綵，帶利劍，厭飲食，財貨有餘，是謂盜夸，非道也哉！」（五十三章）

「治人事天，莫若嗇。夫唯嗇，是謂早服。早服謂之重積德。重積德則無不克。無不克則莫知其極。莫知其極，可以有國，有國之母，可以長久，是謂深根固柢，長生久視之道。」（五十九章）

前章言爲政者挾持權勢，搜括搾取，侵公肥私，奢侈靡濫。老子認爲是爲盜之首。故理國之道，則莫若嗇，嗇者，節用也。所謂節用，一指錢財，一指精神，錢財不作無謂之消耗，則倉庫實；精神不作濫用，則身體健。故國君能節用，則能爲人，能爲人，則可治天下。老子三寶之中，儉居其一。故曰：「儉故能廣。」（六十七章）王弼注云：「節儉愛費，天下不匱，故能廣。」

七、尚寬容

「聖人無常心，以百姓心爲心。善者吾善之，不善者吾亦善之。德善。信者吾信之，不信者吾亦信之，德信。聖人在天下，歙歙焉，爲天下渾其心，百姓皆注其耳目，聖人皆孩之。」（四十九章）

「大國者流，天下之交。天下之牝，牝常以靜勝牡，以靜爲下。故大國以下小國。則取小國，小國以下大國，則取大國。故或下以取，或下而取。大國不過欲兼畜人，小國不過欲入事人。夫兩者各得其所欲，大者宜爲下。」（六十一章）

理想之政治，在國君收斂自我之意欲，能破除己見去體認百姓之需求，而敞開彼此之通路。此惟寬大有容者能得之。然國君要寬大有容，必須德厚之國君。德厚之君，心廣體胖，於天下無棄人，無棄物，以善眼觀察天下事物，則天下無不可愛之人，無不可愛之事，皆在吾德量之包容中。然後人與人之間才可和平相處。而國與國之間，大國尤應謙下自居，以待小國，不可恃强凌越弱小，戰國以力相尙，老子要各國謙虛相容，才能和平相處。

八、去己身

「寵辱若驚，貴大患若身，何謂寵辱若驚，寵爲下，得之若驚，失之若驚，是謂寵辱若驚。何謂貴大患若身，吾所有大患者，爲吾有身，及吾無身，吾有何患。故貴以身爲天下，若可寄天下，愛以身爲天下，若可託天下。」（十三章）

「天長地久，天地所以能長久者，以其不自生，故能長生。是以聖人後其身而先，外其身而身存，非以其無私邪？故能成其私。」（七章）

為人君治國者，當以無我之心以治天下，勿以己身之榮辱常縈繞於懷，若處處為一己私慾而圖之，則不能贏得人民之信服。贏得人民之愛戴。惟有廓然大公，無私無我處處為別人着想，為天下人着想，去私去己，才可贏得天下人之信服，天下人之信託。故雖外其身，而其身自存，雖去其私，而其私方得也。

九、守道本

「道常無名樸，雖小，天下莫能臣也，侯王若能守之，萬物將自賓。」（三十二章）

「以道涖天下，其鬼不神，非其鬼不神，其神不傷人。非其神不傷人，聖人亦不傷人。夫兩不相傷，故德交歸焉。」（六十章）

「道者萬物之奧，善人之寶，不善人之所保。美言可以市尊，美行可以加人。人之不善，何棄之有？故立天子，置三公，雖有拱璧以先駟馬，不如坐進此道。古之所以貴此道者何？不曰：求以得，有罪以免邪？故為天下貴。」（六十二章）

君王守道以治，則萬物將自化，萬物將自賓，此道為何，返樸歸眞，自然無為之道也。世道紛亂，由於人心之逐妄，人心之逐妄，由於貨利巧詐之層出，禮義繁文之偽飾。如欲治之，必使人心返樸歸眞，故曰：「化而欲作，吾將鎭之以無名之樸，無欲以靜，天下將自定。」（三十七章）「故不貴難得之貨，使民不爲盜，不尙賢，使民不爭，不見可欲，使民心不亂。」（三章）若尙賢以止爭，則爭愈亂，貴難得之貨，使民不爲盜，而盜愈衆；見可欲使民不爲亂，其亂愈紊。惟守道本，爲無爲，則無不治也。

十、理想國

「小國寡民，使有什伯之器而不用。使民重死而不遠徙。雖有舟輿，無所乘之；雖有甲兵，無所陳之，使民復結繩而用之。甘其食，美其服，安其居，樂其俗。鄰國相望，雞犬之聲相聞，民至老死不相往來。」（八十章）

此乃老子之理想國，政治之烏託邦。在此社會中、社會秩序無需政治力量之維持，無兵戰之禍，甲兵之用，重賦之逼，無暴戾之氣，凶悍之風，無焦慮不安之情緒，無恐懼失落之感受，人人自給自足，家家安居樂俗。理想雖美，然勢無可行，蓋社會進化，乃爲自然之趨勢，老子必欲將進化之社會，返之於太初，其勢有不可行者。故孔子之大同，亦理想國也，然其旨在懸的以求人之進取。老子之小國寡民，其術在逆轉退化。此二者之不同也。

老子之政治思想，最令人誤解者，乃淸靜無爲。後人誤解爲安於現實，無所事事而已。因此影響魏晉淸談之士，及宋代道君皇帝，誤國招戎，鑄成大錯。其實老子之無爲，乃無所不爲。老子反對之有爲，乃自私其智之爲，順天應人而爲之，則無所不爲也。

程大昌上易老通言劄子云：「夫老子之可重者何也？秉執樞要，而能以道御物，是其長也。貴無賤有，而罕言世故者，亦非其或短於此也。故師老子而得者漢文帝，蓋其爲治，大抵清心寡欲，而淵默樸厚以涵養天下，其非不事事之謂也。則漢之大治，而基業繇固者，得其要用其長故也。至於西晉，則聞其言常以無爲治本，而不知無爲者如何其無爲也。意謂解縱法度，拱手無營，可以坐治。無何，紀綱大壞，而天下因以大亂。故王通論之曰：清虛長而晉室亂，非老子之罪也，蓋不得其要而昧其長也。」

魏默深論老子三云：「其無爲治天下，非治之而不治，乃不治以治之也。功惟不居故不去，名爲不爭故莫爭；圖難於易，故終無難；不貴難得之貨，而非棄有用於地也；兵不得已用之，未嘗不用兵也；去甚、去奢、去泰，非並常事去之也。治大國若烹小鮮，但不傷之，即所保全之也；以退爲進，以勝爲不美，以無用爲用，孰謂無爲不足治天下乎……莊周乃以徜徉玩世，薄勢利遂苛帝王，厭禮法則盜聖人。至於魏晉之士，其無欲又不及周，且不知無爲治天下者果何如也；意糠粃一切拱手不事事而治乎？卒之王綱解紐，而萬事瓦裂。刑名者流，因欲督責行之，萬物一付諸法。而已得清靜而治，於是不禁己欲而禁人之欲，不勇於不敢而勇於敢，不忍於不忍而忍於忍，煦煦孓孓之仁義退，而涼薄之道德進，豈盡老子之道乎？豈盡老子之道乎！」

程魏二氏之論老子，蓋有深慨之言也。

肆　認知論

老子之知識論，以復本爲知，絕學爲知，身教爲知，取人爲知。復本者，復其天性之知。絕學爲知，去其後天人爲之知。身教爲知，不言之教也，取人爲知，兼人之長也。玆分論之如後：

一、復　本

「專氣致柔，能如嬰兒乎？」（十章）

「我獨泊兮其未兆，如嬰兒之未孩。」（二十章）

「常德不離，復歸於嬰兒。」（二十八章）

知識者何？濟人達至善之境也。聖人求知，當在止於至善之道。若知識愈出，巧詐愈作，吾人又竭智慮以防之，則治絲愈紛之道也。故不如反其天性之知，回歸嬰兒之狀態。嬰兒天性之知，虛靈未昧，良知未染。此至善之境也。所謂「大人者，不失其赤子之心者也。」人人回歸赤子之心，以修身言，則含德之厚；以處事言，則無機心。此聖知最高之境也。然何以致之，則曰絕學。

二、絕　學

「絕學無憂。」（二十章）

「絕聖棄知，民利百倍。」（十九章）

「爲學日益，爲道日損。」（四十八章）

「滌除玄覽，能無疵乎……明白四達，能無知乎？」（十章）

「學」，河上公注云：「學謂政教禮樂之學也。」此處之「聖」，非指人格修養之聖，乃指自作聰明之巧智。因爲聖者創制立法，智者舞巧弄詐，皆後天人爲文飾，日益增多，則其天性本眞之良知，却日以消損。故政教禮樂，本以導人善行，但行之不善，却爲矯揉造作，甚至剽竊仁義之名，爲仁義而矯之，則並仁義而竊之。故老子主張絕學，去後天之學，復其本性之光明。玄覽者，內心之光明，爲形上之鏡，照察事物。淮南子修務篇云：「執玄覽於心！照物明白。」莊子天述篇：「聖人之心，靜乎天地之鑑，萬物之鏡也。」滌除玄覽，卽是洗淸雜念，摒除妄見，而返觀照內心之本明。故曰：「復命曰常，知常日明」也。（十六章）

三、身　教

「是以聖人處無爲之事，行不言之教。」（二章）

「多言數窮，不如守冲。」（五章）

「不言之敎，無爲之益，天下希及之。」（四十三章）

老子在政治上主張無爲，在教育上主張不言。不言之敎，身敎也。身敎之效，大於言敎，蓋其身正，則不令而行，其身不正，雖令不從。惟有敎者端其身，於潛移默化之中，影響受敎者，始可收敎育之效。若徒多言，而身不及行之，則徒增受敎者之譏。故其言曰：「多言數窮，不如守冲。」

四、取　人

「故善人者，不善人之師，不善人者，善人之資。不貴其師，不愛其資，雖智大迷，是謂要妙。」（二十七章）

「知人者智，自知者明。」（三十三章）

「知不知，上；不知知，病；聖人不病，以其病病；夫以病病，是以不病。」（七十一章）

敎人者，不在知己，在於知人。所謂「不患人之不已知，患不知人也。」故敎人者，在樂取於人以爲善。所謂「三人行，必有我師焉，擇其善者而從之，其不善者而改之也。」「不善人者，善人之資」謂其可爲借鏡也。能取人之長以爲己善，則是善敎人者。此敎學相長之道。古今敎學之大要也。

總之，老子是道家之牛耳，道家思想，對中國文化所產生之影響，以老子爲最大。在哲學方面，促成中國玄學之發展。老子乃善於思考之人，常靜思以觀人生，觀事物變遷之因素，因此思考出衆，多超現象之原理。魏晉之士，據之以談玄。恰值佛家輸入，道佛之融合，給佛學鋪下康莊之大道。在政治方面。黃老之政術，亦影響到漢初之政治。因其指約而易操，事少而功多。在人生態度方面。其淡泊自守，忍讓無爭，通權達變，大智若愚之美德，亦爲人生處世之要道。至於文學家之詩歌文藝，音樂繪畫，更充分融合道家之意境。故道德經，雖簡略僅五千言，其給予後世影響，非數言所可盡。而現今外人研究老子者，更實繁有徒，老子一書譯文，竟有四十四種譯本之多。後人對其重視，更可想見。

第五章　莊子學述

治思想史者，言儒必稱孔孟荀，言道必稱老莊列。列子之書，疑魏晉人僞作。而道家莊子之洸洋恣肆，與儒家孟子之宏放暢辯，有異曲同功之妙。故儒之有孟，猶道之有莊，皆闡前學而光大之。有關莊子之史實，據史記老莊申韓列傳如后：

「莊子者，蒙人也，名周。周嘗爲漆園吏，與梁惠王齊宣王同時。其學無所不闚，然其要本歸於老子之言，故其著書十餘萬言，大抵率寓言也。作漁父、盜跖、胠篋，以詆訿孔子之徒，以明老子之術；畏累虛、亢桑子之屬，皆空語無事實。然善屬書離辭，指事類情，用剽剝儒墨，雖當世宿學，不能自解免也。其言洸洋自恣以適己，故自王公大人不能器之。楚威王聞莊周賢，使厚幣迎之，許以爲相。莊周笑謂楚使者曰：千金重利，卿相尊位也，子獨不見郊祭之犧牛乎，養食之數歲，衣以文繡，以入太廟，當是之時，雖欲爲孤豚，豈可得乎？子亟去，無污我，我寧游戲污瀆之中以自快，無爲有國者所羈，終身不仕，以快吾志焉。」

傳中稱莊子宋人，生卒年歲不可考。而與梁惠王齊宣王同時，又嘗却楚威王之聘，莊子書中復言其與惠施爲友，惠施嘗相梁，先莊子而卒。是莊子之時代，正與孟子同時。然孟子書中，於道家者流，僅距楊朱，未及莊子；莊子書中，深訾孔子，亦未及孟子。故前賢或疑二賢未嘗相見，或云道不同不相爲謀，余疑此說皆甚牽强。如云未相見或道不同不相爲謀，以不相見言，二子皆當時聞人，名滿天下，雖不相見，必不能不相知，二子皆暢議天下衆事，於道不同之人，一言未嘗相及，此深可致疑者一也。若云道不同不相爲謀，則孟子於楊朱墨翟，何嘗道同，而深非之若是，此說之難圓者也。又或謂莊子趣合儒術，故孟子力排異端而不非之，孟子之右漆園，猶孔子之右柱下。余疑此說亦揣測之辭，余意孔子右柱下，稱之謂龍，孟子如右漆園，不非之則可，而無一語以稱之，此事之深可致疑焉。二子皆非默言之士，何其若斯之緘其口乎？二子之書皆非全璧，或竟有佚之乎。

莊子，漢志列之於道家，凡五十二篇。今本則爲三十三篇。按陸德明經典釋文敍錄，則司馬彪注者尙爲五十二篇本。分爲內篇七、外篇二十八、雜篇十四。解說三。郭象注者爲三十三篇本，分爲內篇七、外篇十五、雜篇十一。今本內七篇或輯近於莊子本眞者，外篇則輯其後學之說，雜篇則雜輯短章逸事。馬其昶莊子故曰：「余謂外雜二篇，皆以闡內七篇之文。」是故內七篇之文，文旨超妙，辭趣華深，故多爲莊子手筆，其他外雜篇，或疑後學之僞託，或爲門弟子之紀錄，蓋皆蔓衍內七篇之說也。

壹　形上論

莊子之學，出於老子，老子以道爲宇宙之本體，萬物之本源，莊子亦然。二者雖同以道爲宇宙之本體，然莊子之道，較老子之道更爲擴大。老子「道」之異名，亦曰無，莊子論道則曰：

「有始也者，有未始有始也者，有未始有夫未始有始也者。有有也者，有無也者，有未始有無也者，有未始有夫未始有無也者。俄而有無矣，而未知有無之果孰有孰無也。今我則已有謂矣，而未知吾所謂之其果有謂乎？其果無謂乎？」（齊物論）

按有，指物言；無，指道言。有生於無，無爲物始，乃老子之說法。而莊子更由「有始」推到「無始」，以及「無無始」，故云：「有未始有始也者，有未始有夫未始有始也者。」又由「無」推到「無無」以及「無無無」，則宇宙之本體因之而擴大。

以上之不同，乃老莊哲學之分歧點，依老子說法，人生只需知始，知無，卽可知道。依莊子說法，人生除知始、知無外，尚須知「無始」以及「無無始」，尚須知「無無」以及「無無無」，始可知道。故莊子天下篇云：「其於本也，弘大而辟，深閎而肆，其於宗也，可謂稠適而上遂矣。」此研究莊子形上哲學之前不可不知也。玆分析之如后：

一、本體論

「夫道有情有信，無爲無形，可傳而不可受，可得而不可見。自本自根，未有天地，自古以固存。神鬼神帝，生天生地。在太極之先而不爲高，在六極之下而不爲深，先天地而不爲久，長於萬古而不爲老。」（大宗師）

「東郭子問於莊子曰：所謂道者惡乎在？莊子曰：無所不在？東郭子曰：期而後可。莊子曰：在螻蟻。曰：何其下耶？曰：在稊稗。曰：何其愈下耶？曰：在瓦甓。曰：何其愈甚耶？曰：在屎溺。」（知北遊）

老子言道：「其中有信。」莊子則曰：「夫道有情有信。」老子曰：「先天地生。」莊子則曰：「自本自根，未有天地，自古以固存。」老子曰：「可以爲天下母。」莊子則曰：「無所不在。」是皆以道爲天下萬物之所從出。耳目得之而視聽，手足得之而運動，是其有情也。寒暑得之而往來，萬物得之而生育，是其有信也。求之而不可得，是其無形也。或不言而喻，或目擊而存，是可傳也。莫得而有之，不可受也。以心契之，脗然而合，是可得也。而莫得其朕，不可見也。故其爲道，充滿天地，包裹六極，故生天地，靈鬼神，高深則言其形，久長則言其時。是以大宗師篇云：「其爲物也，無不將也，無不迎也，無不毀也，無不成也。」然在莊子書中，於此無所不在之道，無所不成不毀之道，常有以下之異名焉：

「不道之道，若能有知，此之謂天府。」（齊物論）
「名實未虧而喜怒爲用，亦因是也，是以聖人和之以是非，而休乎天鈞。」（齊物論）
「化聲之相待，若其不相待，和之以天倪。」（齊物論）
「其嗜欲深者，其天機淺。」（大宗師）
「一而不黨，命曰天放。」（馬蹄）
「有乎生，有乎死，有乎出，有乎入，入出无見其形，是謂天門，天門者，无有也。萬物出乎无有。」（庚桑楚）
「天道運而無所積，故萬物成。」（天道）
「非彼無我，非我無所取，是亦近矣，而不知所爲使，若有眞宰，而不得其朕，可行己信，而不見其形，有情而無形。」（齊物論）
「百骸、九竅、六藏，賅而存焉。吾誰與爲親……其有眞君存焉。如求得其情與不得，無益損乎其眞。」（齊物論）
「偉哉夫造物者，將以予爲此拘拘也。」（大宗師）
「偉哉造化，又將奚以汝爲，將奚以汝適。」（大宗師）
「致命盡情，天地樂而萬事銷亡，萬物復情，此之謂混冥。」（天地篇）
「是謂玄德，同乎大順。」（天地篇）

「精神四達並流，无所不極，上際於天，下蟠於地，化育萬物，不可爲象，其名爲同帝。」（刻意篇）

莊子書中，於道不同之稱名，若細詳之，當不僅此。此不同之稱名，其所指者，仍爲道之別名。莊子之學，以自然爲宗，自然者，道之別名，自然卽天然，故莊子於道之別名，多以「天」冠之。謂之「天府」者，萬物之庫藏也。謂之「天門」者，萬物之所從出也，謂之「天倪」「天均」者，言其公而無私也。謂之「眞君」「眞宰」者，以其爲萬物主也。謂之「大順」者，言其自然而不爲使也。謂之「混冥」者，言其不可知也。故道在莊子書中，乃超越性之存在，是先於萬物，而爲萬物之本體。則陽篇曰：「道之爲名，所假而行。」此其稱名之不同也。

二、宇宙論

宇宙問題，渺茫難測，故儒家存而不論。先秦諸子，論宇宙之問題，莫若老莊。老莊論宇宙問題，多集中於道。故「道」在本體論方面爲宇宙萬物生成之基本元素，而在宇宙論方面則爲宇宙生成變化之原理或法則。至於宇宙之定義，莊子在庚桑楚一篇中云：

「出無本，入無竅，有實而無處，有長而無本剽，有所出而無竅者有實，有實而無處者，宇也；有長而無本剽者，宙也。」

此莊子對宇宙所下之定義。與三蒼中「四方上下謂之宇，古往今來謂之宙」相同，故宇宙乃時間空間之合成。然宇宙何由生成，仍由道。莊子天地篇云：「夫道，覆載天地，化生萬物者也。」又天道篇云：「天道運而無所積，故萬物成。」漁父篇云：「且道者，萬物之所由也。」然其在宇宙論方面，與老子之不同，擺脫老子之機械論，老子云：「道生一，一生二，二生三，三生萬物。」（四十二章）莊子論宇宙之演化，則集中於自然一義之發揮：

「物之生也，若驟若馳，無動而不變，無時而不移，何爲乎？何不爲乎？夫固將自化。」（秋水篇）

「天無爲以之清，地無爲以之寧，故兩無爲相合，萬物皆化。芒乎芴乎，而無從出乎！芴乎芒乎，而無有象乎！萬物職職，皆從無爲殖。故曰天地無爲也而無不爲也。」（至樂篇）

「天其運乎？地其處乎？日月其爭於所乎？孰主張是，孰維綱是？孰居无事而推行是？意者其有機緘而不得已邪？意者其運轉而不能自止邪？」（天運篇）

「天地有大美而不言，四時有明法而不議，萬物有成理而不說……是故至人无爲，大聖不作，觀於天地之謂也。」（知北遊）

宇宙生成之後，並非常居不變，每日皆在變化，日月之運轉，四時之輪序，萬物之生育，無時或止。然此變動之宇宙，乃無爲而自然，本同一體，相化爲不同形之萬物，無人爲之主張，無人爲之推動，此其曰：「萬物職職，皆從無爲殖」也。

三、宿命論

命定之說，普存於中國人之心中，上至學士大夫，下至庶人百姓，莫不以「得之不得曰有命。」又曰：「死生有命。」莊子哲學，以自然爲宗。而其對命之體認，認爲人應接受自然之所賦予，不可强求，蓋人爲之一切，皆不能勝自然之命。故其對命之義曰：

「未形者有分，且然無間者謂之命。」（天地篇）

「生於陵而安於陵，長於水而安於水，性也。不知所以然而然，命也。」（達生篇）

「褚小者不可以懷大，綆短者不可以汲深，夫若是者，以爲命有所成，而形有所適也。」（至樂篇）

未形者，命之未成之時也，有分者，命雖未成，而分已有所定也，若人之性情、局格、器量、才氣，皆已注定。而且自古至今，未嘗或爽，此所謂且然無間也。如褚小綆短，不可變易，此理爲何，人莫知之，此所謂不知所以然而然，故謂之命也。命之勢既已如此，則人對命之態度，究應如何而處之，以莊子之言觀之，則一曰安命，一曰順命。

㈠安命

「達生之情者，不務生之所无以爲；達命之情者，不務命之所无奈何。」（達生篇）

「牛馬四足，是謂天，落馬首，穿牛鼻，是謂人。故曰：無以人滅天，無以故滅命。謹守而勿

失，是謂返其眞。」（秋水篇）

「知不可奈何而安之若命，惟有德者能之。遊於羿之彀中，中央者，中地也，然而不中者，命也。」（德充符）

命旣注定，惟有安命，此所謂達命之情。若不達命之情，强以人爲，若落馬首、穿牛鼻，是以人爲强天也，以人强天，則牛馬反失其性命之情，失性命之情者，不適也，此所以「無以人滅天，無以故滅命也。」惟吾人能安命，雖遊於羿之彀中，其勢必中而死也，然而反生而不死，此所謂安命之適也。然人常有避禍求福之心，非大有德者，對至危之地，鮮有不求避之者也。此故曰：「惟有德者能之也。」然安命之道若何？順命之自然而應之也。

㈡順命

「上神乘光，與形滅亡，此謂照曠，致命盡情，天地樂而萬事銷亡，萬物復情，此之謂混冥。」（天地篇）

「性不可易，命不可變，時不可止，道不可壅，苟得於道，无自而不可，失焉者，无自而可。」（天道篇）

「知窮之有命，知通之有時，臨大難而不懼者，至人之勇也。」（秋水篇）

故聖人知命之不可易，不謹守命而安之，而將順命以樂之，其樂之道，在與形銷亡，忘去自我，事物之變，能情不動於衷，故臨大難而不懼，此謂得道之人，得道之人，與道混冥，已不知其存，則命之變，何有加於己乎？故曰「无自而不可」。列禦寇篇亦云：「此所謂達大命者隨，達小命者遭」也。隨者，順命之變，遭者，隨遇而安也。

四、心性論

莊子嚮往人生境界之內界障碍，主要在心性。在中國哲學中，心性代表生命之主體，儒家以之爲道德之根。擴而充之，乃內聖外王之道。莊子對心性之體會，乃在心性活動之歧異與複雜性。惟經內心之照察，方能透視心性活動之負面之意義而解除之，方能得到心之眞根。心性負面之產生，乃由於外界之障蔽，心性之障蔽爲何？在心而言，則曰成心與機心，在性而言，則曰聲色與利名。此當屏而去之也。

㈠去其障蔽

「夫隨其成心而師之，誰獨无師乎？奚必知代而心自取者有之，愚者與有焉。……道惡乎隱而有眞僞，言惡乎隱而有是非，道惡乎往而不存，言惡乎存而不可，道隱於小成，言隱於榮華，故有儒墨之是非，以是其所非而非其所是，欲是其所非而非其所是，則莫若以明。」（齊物論）

「吾聞之吾師，有機械者必有機事，有機事者必有機心，機心存於胸中，則純白不備，則神生不定，道之所不載也。」

故心之二大障蔽，一曰成心，成心者，成見也。二曰機心，機心者，巧詐也。人常以爲己是而人非，以己爲然而人不然。此成心之蔽也。一有成心，則昧於己之是而人之非，故巧詐之心作，巧詐之心，僞非爲是，僞是爲非，人生此心，則純白之心已失，謀慮因起，而心神擾攘無寧日矣。此心之障蔽也。再以性觀之：

「且夫失性有五：一曰五色亂目，使目不明；二曰五聲亂耳，使耳不聰；三曰五臭薰鼻，困惾中顙；四曰五味濁口，使人厲爽；五曰趣舍滑心，使性飛揚，皆生之害也。」（天地篇）

「自三代以下者，天下莫不以物易其性矣。小人以身殉利，士以身殉名，大夫以身殉家，聖人以身殉天下。故此數子者，事業不同，名義異號，其於傷性，以身爲殉一也。」（拼姆篇）

故性之障，在於聲色，在於名利。目蔽於色，則視不明；耳蔽於聲，則聞不聰；口蔽於味，則味不辨；人蔽於名利，則以身殉；皆失性之道也。此決性命之情而饕於外物也。故繕性篇曰：「喪性於物，失性於俗者，謂之倒置之民。」然何以使心性得其正，則莫若養之有道也。

㈡養心繕性

「故外天地，遺萬物，而神未嘗有所困也。通乎道，合乎德，退仁義，賓禮樂，至人之心有所定矣。」（天道篇）

「形若槁骸，心若死灰，眞其實知，不以故自持，媒媒晦晦，天心而不與謀。」（知北遊）

「執道者德全，德全者神全，神全者，聖人之道也。託生與民並行而不知其所止，汒乎淳備者

，功利機巧忘夫人之心。」（天地篇）

「水靜則明燭鬚眉，平中準，大匠取法焉。水靜猶明，而況精神，聖人之心靜乎，天地之鑑也，萬物之鏡也。」（天道篇）

故養心之道，莫若大忘，忘天地，忘人我，忘世俗之制，使形容槁骸，心若死灰，此時之心，已歸於無心，無心者汒乎淳備，功利機巧之心不作，則心與道合，心能執道，則靜明澄澈，靜若止水，燭照萬有，故曰「萬物之鑑也。」此養心之道也。再觀其繕性之語曰：

「古之治道者，以恬養知，知生而无以知爲也，謂之以知養性，知與恬交相養，而和理出其性。」（繕性篇）

「夫恬淡寂漠虛无无爲，此天地之本而道德之質也。故聖人休焉。休則平易矣，平易則恬淡矣。平易恬淡，則憂患不能入，邪氣不能襲，故其德全而神不虧。」（刻意篇）

「去知與故，循天之理，故曰：无天災，无物累，无人非，无鬼責，不思慮，不豫謀，光矣而不燿，信矣而不期，其寢不夢，其覺无憂，其生若浮，其死若休，其神純粹，其魂不罷，虛无恬淡，乃合天德。」（刻意篇）

故繕性之道，在於恬淡，淡於物，淡於名，淡於聲色，外物不蕩於胸中，物來不喜，物去不傷，順天而行，故心不憂樂，心不憂樂，則其德全而性不虧，此適性之道也，適性之人，澹然无極而衆善從之，此乃天地之道，聖人之德也。

㈢心之至境

莊子之學，心學也，其三十三篇文，皆在求人能心有所悟，則一轉念之間，世上萬物之衆美具而衆惡去矣，吾人生於此衆美具衆惡去之大通宇宙中，何往而不宜，何適而不是，神遊乎無窮之宇，精長乎無極之宙，與天地相往來，與萬物而爲一，此適之至也。故莊子之學，求適之學也。故其在達生篇云：「忘足，履之適也；忘要，帶之適也，忘是非，心之適也；不內變，不外從，事會之適也。始乎適，而未嘗不適者，忘適之適也。」故求適之道，惟在一「忘」字。忘與不忘，惟在吾心，能忘則心之至境可至，此其「坐忘」「心齋」「心養」之至道也。

「何謂坐忘？顏回曰：墮肢體，黜聰明，離形去知，同於大通，此謂坐忘。」又云：「魚相忘乎江湖，人相忘乎道術。」（大宗師）

「敢問心齋？仲尼曰：無聽之以耳而聽之心，無聽之以心而聽之以氣，耳止於聽，心止於符，氣也者，虛而待物者也。唯道集虛，虛者，心齋也。」（人間世）

「吾遇天難，願聞一言。鴻蒙曰：意！心養，汝徒處無爲，而物自化，墮爾形體，咄爾聰明，倫與物忘，大同乎涬溟，解心釋神，莫然無魂，萬物云云，各復其根。」（在宥篇）

此莊子論心之至境之道也。心之至境，在乎坐忘，坐忘者，無心之心也。無心之心，道心也。故曰：「唯道集虛，虛者，心齋也。」道無，心虛，虛也無也。故無心之心與道合一，故可倫與物忘，大同乎涬溟，以此道心以應萬物，則無障蔽不通之弊矣。

貳　人生論

莊子之人生哲學，源於其以自然爲宗之形上哲學，人旣來之於自然，當復回歸於自然，生存於自然。爲人開拓新人生之境界，以達乘天地之正，而御六氣之變。上與造物者遊，下與外生死無終始爲友者也。故其理想中之人生，與尼釆哲學中超人相類似，而莊子對此超人中理想人物，則名之曰神人、眞人、至人、聖人、大人、天人等，其稱名雖不同，其蘄嚮之心情則一也。玆摘其要者類之如后：

一、對人生之嚮往

㈠神人

「藐姑射之山，有神人居焉，肌膚若冰雪，綽約若處子，不食五穀，吸風飲露，乘雲氣，御飛龍，而遊乎四海之內。其神凝，使物不疵癘，而年穀熟……之人也，之德也，將旁礴萬物以爲一。世蘄乎亂，孰弊弊焉以天下爲事。之人也，物莫之傷，大浸稽天而不溺，大旱金石流土山焦而不熱，是其塵垢粃糠，將猶陶鑄堯舜者也，孰肯以物爲事。」（逍遙遊）

㈡至人

「至人神矣，大澤焚而不能熱，河漢沍而不能寒，疾雷破山而不能傷，飄風振海而不能驚。若

然者，乘雲氣，騎日月，而遊乎四海之內，死生無變於己，而況利害之端乎？」（齊物論）

㈢眞人

「古之眞人，其寢不夢，其覺無憂，其食不甘，其息深深，眞人之息以踵，衆人之息以喉，屈服者，其嗌言若哇。」（大宗師）

「古之眞人，不知說生，不知惡死，其出不訢，其入不距。翛然而往，翛然而來而已矣。不忘其所始，不求其所終；受而喜之，忘而復之，是之謂不以心損道，不以人助天，是之謂眞人。若然者，其心忘，其容寂，其顙頯，淒然似秋，暖然似春，喜怒通四時，與物有宜而莫知其極。」（大宗師）

㈣聖人

「聖人不從事於物，不就利，不違害，不喜求，不緣道，无謂有謂，有謂无謂，而遊乎塵垢之外。」（齊物論）

「若夫不刻意爲高，无仁義而修，无功名而治，无江海而閒，不導引而壽。无不忘也，无不有也，澹然無極而衆美從之，此天地之道，聖人之德也。」（刻意篇）

㈤德人

「德人者，居無私，行无慮，不藏是非美惡。四海之內共利之之謂悅，共給之之謂安，招乎若嬰兒之失其母也。儻乎若行而失其道也。財用有餘而不知其自來，飲食取足而不知其所從，此

謂德人之容。」（天地篇）

㈥大人

「聖人幷包天地，澤及天下，而不知其誰氏。是故生無爵，死無謚，實不衆，名不立，此之謂大人。狗不以善吠爲良，人不以善言爲賢，而況大乎？夫爲大不足以爲大，而況爲德乎？夫大莫若天地，然奚求焉？而大備矣。知大備者，无求、无失、无棄，不以物易己也，反己而不窮，循古而不摩，大人之誠。」（徐无鬼）

㈦凡人

「而容崖然，而目衝然，而顙頯然，而口闞然，而狀義然。似繫馬而止也，動而持、發而機、察而審，知巧而覩於泰，凡以爲不信，邊竟有人焉，其名爲竊。」（天道篇）

莊子理想中之人物，本不易解釋，然就其爲理想言，則亦勿庸解釋。其他篇章中有關上述人物之描繪，所在多有，擇其要者而述之，以概其餘焉。大體言之，莊子理想中之人物，可約之爲三類。最高者當爲神人、至人，因其體不可以物傷，其不食五穀，而飲風吸露，其不居人間，而乘雲氣，騎日月，若是者，當近於仙人矣。其次爲眞人，蓋介於仙人聖人之間者，故其雖居塵寰，然其修行，已得仙人之深味，故其寢不夢，其覺無憂，其食不甘，吸之以踵而不以喉，容寂心忘，而喜怒通於四時。大宗師復於眞人則曰：「登高不慄，入水不濡，入火不熱，是知之能登假於道者也若此。」故吾人可謂眞人乃半仙之體。雖形居於人世，而知乃入於道之眞境者也。至於聖人、德人、大人，乃衆人中之聖者，能外名利、外得失、反己身、輕外物，其德之淳備，若嬰兒之粹精。此皆莊子類理想中人物之大概也。而莊子所厭棄者，當爲世俗之凡人，自命不凡，故容崖然，而目衝然，而顙頯然，面目既然可憎，復逞口舌之辯以屈人。其心奔馳而難止，其智顯露而驕矜，若此人者，乃世俗之庸人，故名曰竊，馬其昶曰「竊者，蓋與穿窬之人無異。」故莊子夢寐中以求者，當爲神人、至人，退而不得求其次，則眞人庶可矣，再退而不得求其次，則聖人、德人、大人庶可矣。然求之之道爲何？茲析其論如后焉。

二、求至人之要道

莊子人生思想，有三主要觀念，一曰坐忘，二曰全生，三曰出世。忘我則泯物我，全生則眞性不虧，出世則通造化。心如死灰，荅然若喪，忘我也；依乎天理，因其故然，全生也。獨與天地精神相往來，而不敖倪於萬物，出世也。三者皆本於自然之大律而見其效用，此求至人之道也，茲依次析之如后：

(一)坐忘

莊子希人生求得解脫，得到眞自由而樂逍遙，其第一要訣，即曰坐忘，坐忘者，墮肢體，黜聰明，離形去知，同於大通，是謂坐忘，其忘者何？一曰忘是非，二曰忘得失，三曰忘人我，四曰忘生死。

1.忘是非

「道行之而成，物謂之而然，有自也而可，有自也而不可，有自也而然，有自也而不然。惡乎然？然於然。惡乎不然？不然於不然。惡乎可？可於可。惡乎不可？不可於不可。物固有所然，物固有所可。無物不然，無物不可。」

「既使我與若辯矣，若勝我，我不若勝，若果是也，我果非也邪？我勝若，若不吾勝，我果是也，而果非也邪？其或是也，其或非也邪？其俱是也，其俱非也邪？我與若不能相知也，則人固受黮闇。吾誰使正之？使同乎若者正之？既與若同矣，惡能正之。使同乎我者正之？既同乎我矣，惡能正之。使異乎我與若正者正之？既異乎我與若矣，惡能正之。使同乎我與若者正之？既同乎我與若矣，惡能正之。然則我與人俱不能相知也，而待彼也邪。」（齊物論）

故是非之道，全出於人之主觀，既涉主觀，則莫得正論。故人間是非之爭，甚無謂也。既無是非可爭，則吾人何必斤斤於明，察察於知，以務服人之口，服人之心耶，故大辯者不言，大知者不爭也。

2.忘得失

「夫藏舟於壑，藏山於澤，謂之固矣。然而夜半有力者負之而走，昧者不知也。藏小大有宜，猶有所遯。若夫藏天下於天下而不得所遯，是恒物之大情也。特犯人之形，而猶喜之。若人之形者，萬化而未始有極也，其爲樂可勝計邪，故聖人將遊於物之所不得遯而皆存。」（大宗師）

得失之道，人之恒情，常使人之惴惴不安，得之則喜，失之恒傷。其實人之運命難常，得失固不能免，如常爲得失而縈寄於心，則此心無片刻之安寧，去之之道，惟有忘之，以萬物與我合一，何得何失？人能體此，則患得患失之心去矣。不然，「多藏者必厚亡。」心境之平靜失矣。

3. 忘人我

「非彼無我，非我無所取，是亦近矣……百骸、九竅、賅而存焉，吾誰與爲親？汝皆悅之乎？其有私焉？如是皆有爲臣妾乎？其臣妾不足以相治乎？其遞相爲君臣乎？其有眞君存乎？」（齊物論）

「物無非彼，物無非是，自彼則不見，自是則知之。故曰：彼出於是，是亦因彼，彼是方生之說也。……因是因非，因非因是。是以聖人不由也，而照之於天，亦因是也。」（齊物論）

人世之紛擾，第一在有彼此，因有彼此而有封畛，而封畛而後有藩籬，有藩籬而萬物合之徑塞，塞則不相通，不相通則人我之間其距大，距大則有戒心，有戒心而紛擾之端生矣。去之之道，在泯去人我之封畛。通萬物而爲一。故曰：「夫道未始有封」也。

4. 忘生死

「莊子妻死，惠子弔之，莊子則方箕踞鼓盆而歌。惠子曰：與人居，長子，老，身死不哭，亦足矣，又鼓盆而歌，不亦甚乎？莊子曰：不然，是其始死也，我獨何能无慨然。察其始而本无生，非徒无生也，而本无形，非徒无形也，而本无氣、雜乎芒芴之間，變而有氣，氣變而有形，形變而有生，今又變而之死，是相與春秋冬夏四時行也。人且偃然寢於巨室，而我噭噭然隨而哭之，自以爲不通乎命，故止也。」（至樂篇）

死生乃人生之大事，莊子不哭，達於生也。何達於生，彼以死生爲一條，存亡乃循環，故曰「方生方死，方死方生。」而生者，假借也。且死何足憂，其以死「無君於上，無臣於下，亦無四時之事，以天地爲春秋，雖南面王樂，不過也。」（至樂篇）人能忘去生死，則死生尚不足懼，人復有何碍生存於天地之間乎？

㈡全生

莊子之坐忘，在達全生之道，全生之道，在老子爲克欲與虛靜，而莊子養生之道，雖亦主克欲與虛靜，然非其主也。莊子養生之道，第一在屏絕感官之活動，使人形若槁木，心如死灰，此一僵死之人，莊子視之爲得道之人，惟得道之人，才能有眞精神，去人爲，存天適，以達人生之樂境。

1.去智慧

「吾生也有涯，而知也無涯，以有涯隨无涯，殆已。已而爲知者，殆而已矣。爲善無近名，爲惡無近刑，緣督以爲經，可以保身，可以全生，可以養親，可以盡年。」（養生主）

「古之存身者，不以辯飾知，不以知窮天下，不以知窮德，危然處其所而反其性已，又何爲哉！道固不小行，德固不小識，小識傷德，小行傷道，故曰正己而已矣，樂全謂之得志。」（繕性篇）

知識爲一切憂慮之根，絕去智慮，則憂樂不生，憂樂不生，則其生不傷。人之有憂樂也，皆以有知也，無知則憂樂不生。莊子云：「悲樂者德之邪，喜怒者道之過，好惡者德之失，故心不憂樂，德之至也。」（刻意篇）

2.寶精神

「形勞而不休則弊，精用而不已則竭。水之性，不雜則清，莫動則平，鬱閉而不流，亦不能清，天德之象也。故曰：純粹而不雜，靜一而不變，淡而无爲，動而天行，此養神之道也。」（刻意篇）

「夫欲免爲形者，莫若棄世，棄世則无累，无累則正平，正平則與彼更生，更生則幾矣。事奚足棄而生奚足遺，棄世則形不勞，遺生則精不虧，夫形全精復，與天爲一。」（達生篇）

養生之道，在棄去物累，寶養精神，俗物纏於胸中，則精用不已，知勞形竭。人有以身殉物，而求物之道，原在養身，今以物殉身，是不知本末之道也。故惟有脫去物累，遊心世外，方能精全神復，與天爲一。

3.守虛靜

「至道之精，窈窈冥冥；至道之極，昏昏默默。无視无聽，抱神以靜，形將自正，必靜必清，无勞汝形，无搖汝精，乃可以長生。目无所見，耳无所聞，心无所知，汝神將守形，形乃長生。」（在宥篇）

「無爲名尸，無爲謀府，無爲事任，無爲知主。體盡无窮，而遊乎無朕，盡其所受乎天，而無見得，亦虛而已矣。至人之用心若鏡，不將不迎，應而不藏，故能勝物而不傷。」（應帝王）不求名，不用謀，不强行任事，不巧詐，乃達虛靜之要道。「不將不迎，應而不藏。」乃虛靜之妙用，在順應自然。故曰：「聖人之靜也，非曰靜而善，故靜也，萬物無足以「鐃」心者，故靜也。」人能萬物不擾於心，則心清平如鏡，喜怒哀樂不入於心矣。

㈢出世

莊子之人生哲學，以爲人之最大自由，乃回歸於自然之懷抱，而返於自然之道，乃在解除塵世間一切束縛，而逍遙於無何有之鄉。若魚之躍於江湖，鳥之翔於天空，悠然而適。然後才可與天地爲朋，造化爲友。故其坐忘，全生，皆欲達出世之最後之境也。而出世之道，一曰任自然，二曰多反察，三曰輕外物。

1任自然

「故聖人有所遊，而知爲孼，約爲膠，德爲接，工爲商。聖人不謀，惡用知？不斲，惡用膠？無喪，惡用德？不貨，惡用商？四者，天鬻也。天鬻者，天食也。既受食於天，又惡用人，有人之形，无人之情，有人之形，故群於人，无人之情，故是非不得於身。渺乎小哉，所以屬於人也；謷乎大哉，獨成其天。」（德充符）

「彼方且與造物者爲人，而遊乎天地之一氣，彼以生附贅縣疣，以死爲決疣潰癰，夫若然者，又惡知死生先後之所在。假於異物，託於同體，忘其肝膽，遺其耳目，反覆終始，不知端倪，芒然彷徨乎塵垢之外，逍遙乎無爲之業。」（大宗師）

故人生至境，在有人之形，無人之情，雖於塵世渺若滄海之一粟，而其精神則遊於天地之無窮。其何以能此，在忘其形體，忘其智慮，不爲物使，不爲形傷，无往焉而不知其所至，去而來而不知其所止，已往來而不知其所終，彷徨乎馮閎，上闚青天，下潛黃泉，揮斥八極，而逍遙於無窮之宇也。

2多反察

「莊子行於山中，見大木，枝葉茂盛，伐木者止其旁而不取也。問其故，曰：無所可用。莊子曰：此木以不材得終其天年者也。出於山，舍於故人家，故人喜，命豎子殺雁而烹之。豎子請曰：其一能鳴，其一不能鳴，請奚殺？主人曰：殺不能鳴者。明日，弟子問於莊子曰：昨日山中之木，以不材得終其天年，今主人之雁，以不材死，先生將何處？莊子笑曰：周將處於材與不材之間。似之而非也。故未免乎累，若夫乘道德，而浮遊則不然，无譽无訾，一龍一蛇，與時俱化，而无肯專爲，一上一下，以和爲量，浮遊乎萬物之祖，物物而不物於物，則胡可得而累邪。」（山木）

人欲遊於物外，非用精密之觀察，以察塵世之衆相，透視其底蘊，非僅從衆相之正面觀之，必從其反面評審之，然後能知其是非相因，利弊相成。故芸芸衆生之所爲，皆屬無謂之自擾。無用有用，有用無用，推之天地間一切事物，皆屬如此。既悟此道，則人何須自擾，而困形勞知，莫若舉萬事而一空之，則精神始得眞解脫矣。

3. 輕外物

「以瓦注者巧，以鈎注者憚，以黃金注者殙。其巧一也，而有所矜，則重外也，凡外重者內拙。」（達生篇）

「外物不可必，故龍逢誅，比干戮，箕子狂，惡來死，桀紂亡。人主莫不欲其臣之忠，而忠未必信，故伍員流於江，萇弘死於蜀……人親莫不欲其子之孝，而孝未必愛，故孝己憂而曾參悲。……有甚憂兩陷而无所逃，螴蜳不得成，心若懸於天地之間，慰暋沈屯，利害相摩，生火甚多，衆人焚和，月固不勝火，於是乎有僓然而道盡。」（外物篇）

人若不能輕外物，則心必懸於物，世間一切得失、成敗、美譽、財富、功名，皆外物之累也。人爲外物所累，則天機日消，人欲日深。故曰：「其嗜欲深者，其天機淺。」淺薄之人，如何能遊身於方外乎？故至人之養，有舉世譽之而不加勸，舉世毀之而不加沮者。能辨乎內外之分，榮辱之境也。

叄　政治論

莊子之政治哲學，與老子同，可名之曰無治主義。蓋戰國之時，縱橫捭闔，競尚權謀。如以聖賢之道以治國，若揚湯止沸，其沸不止。誠以聖賢之治有盡，人智之僞無窮，設仁義兼愛法術以治國，人將竊仁義兼愛法術之道以私己，故不若釜底抽薪，一併仁義兼愛法術之治以廢之，使人民返樸歸道，以達無治之治，故其政治主張，其要者可述於后：

一、守道德

「天地雖大，其化均也；萬物雖多，其治一也；人卒雖衆，其主君也。君原於德而成於天。故曰：玄古之君天下，无爲也，天德而已矣。以道觀言，而天下之名正；以道觀分，而君臣之義明；以道觀能，而天下之官治；以道汎觀，而萬物之應備。故通於天者，道也；順於地者，德也；行於萬物者，義也；上治人者，事也；能有所藝者，技也。技兼於事，事兼於義，義兼於德，德兼於道，道兼於天。故曰：古之畜天下者，无欲而天下足，无爲而萬物化，淵靜而百姓定。記曰：通於一而萬事畢，无心而鬼神服。」（天地篇）

「南越有邑焉，名爲建德之國。其民愚而朴，少私而寡欲，知作而不藏，與而不求其報。不知義之所適，不知禮之所將，猖狂妄行，乃蹈乎大方。其生可樂，其死可葬，吾願君棄國捐俗，與道相輔而行。」（山木篇）

故帝王之德，以天地爲宗，天地之德，至德也，無私而不言不爲，而四時行焉，百物生焉，萬物育焉。帝王能守天地之德，則萬物各得其性命之情，故君臣之義明，百官之事治，萬物之應備。民朴而治，巧詐不作，猖狂妄行，蹈乎大方，若是則禮義法制無所用。是故帝王守至道，其德配天地，而民將無爲自化也。

二、去人治

「馬蹄可以踐霜雪，毛可以禦風寒，齕草飲水，翹足而陸，此馬之眞性也。雖有義臺路寢，無所用之。及至伯樂，曰：我善治馬，燒之、剔之、刻之、雒之、連之以羈𫊹，編之以阜棧，馬之死者十二三矣；飢之、渴之、馳之、驟之、整之、齊之，前有橛飾之患，而後有鞭筴之威，而馬之死者已過半矣。陶者曰：我善治埴，圓者中規，方者中矩。匠人曰：我善治木，曲者中鉤，直者應繩。夫埴木之性，豈欲中規矩鉤繩哉？然而世世稱之曰：伯樂善治馬，而陶匠善治埴木，此亦治天下者之過也。」（馬蹄篇）

「南海之帝爲儵，北海之帝爲忽，中央之帝爲渾沌。儵忽時相遇渾沌之地，渾沌待之甚善。儵與忽謀報渾沌之德曰：人皆有七竅，以視食息，此獨無有，嘗試鑿之。日鑿一竅，七日而渾沌死。」（應帝王）

故爲帝王者，順民之性而治之，則天下治矣。不須矯枉過正，繩之以禮義法度，若使馬然，故夫善御馬者，適遲疾之分，雖其足迹接乎八荒之表，而馬之性仍全，若矯之以人爲，求其過性之用，則馬不死者鮮矣。治天下亦然，順民之性而治之，則人不失其性命之情；逆人之性而治之，屈折禮樂，苟合仁義，以慰天下之人者，則人反不治，故曰「愛民，害民之始也。」（徐無鬼）

三、爲無爲

「故君子不得已而臨蒞天下，莫若无爲。无爲也而後安其性命之情。故曰：貴以身爲天下，則可以託天下，愛以身爲天下，則可以寄天下，故君子苟能无解其五藏，無擢其聰明，尸居而龍見，淵默而雷聲，神動而天隨，從容无爲而萬物炊累焉，吾又何暇治天下哉！」（在宥篇）

「夫虛靜恬淡寂漠無爲者，萬物之本也，明此以南鄉，堯之爲君也；明此以北面，舜之爲臣也。以此處上，帝王天子之德也；以此處下，玄聖素王之道也。以此退居而閒遊，則江海山林之士服，以此進爲而撫世，則功大名顯而天下一也。靜而聖，動而王，无爲一而尊，樸素而天下莫能與之爭美。」（天道篇）

帝王之無爲，無爲之爲也。無爲之治，非不治也，不以察察爲明，斤斤爲治也。故曰：「上德無爲而無以爲，下德爲之而有以爲。」（老子三十八章）又曰：「其政悶悶，其民淳淳；其政察察，其民缺缺。」（老子五十八章）故聖人治天下，非不爲也，順其性而治之，不竭知慮以擾之，此無擢其聰明也，不縱情慾以私己，此無解其五藏也。以至德感人，此神動而天隨也。此無爲而無不爲也。

四、非聖人

「及至聖人，蹩躠爲仁，踶跂爲義，而天下始疑矣。澶漫爲樂，摘僻爲禮，而天下始分矣。故純樸不殘，孰爲犧樽；白玉不毀，孰爲珪璋；道德不廢，安取仁義；性情不離，安用禮樂；五色不亂，孰爲文采；五聲不亂，孰應六律；夫殘樸以爲器，工匠之罪也；毀道德以爲仁義，聖人之過也。」（馬蹄篇）

「聖人不死，大盜不止，雖聖人而治天下，則是重利盜跖也。爲之斗斛以量之，則並與斗斛而竊之；爲之權衡以稱之，則並與權衡而竊之；爲之符璽以信之，則並與符璽而竊之；爲之仁義以矯之，則並與仁義而竊之；何以知其然邪？彼竊鈎者誅，竊國者爲諸侯，諸侯之門而仁義存焉。則是非竊仁義聖知邪……是乃聖人之過也。」（胠篋篇）

莊子以爲亂天下者，皆聖人之過也；聖人以仁義爲名以號之，制爲禮樂以治之，制爲斗衡以平之，制爲符璽以信之。蓋人德本全，而仁義飾僞。人性本全，而禮樂繁縟；人知本樸，而斗斛生計，人言本信，而符璽生爭；此皆傷性導亂之源也。故非去仁義，壞禮樂、毀斗衡，滅符璽，天下不能爲治。故曰：「絕聖棄知，大盜乃止。」又云：「削曾史之行，鉗楊墨之口，攘棄仁義，而天下之德始玄同。」（胠篋篇）玄同者，民返於樸則治也。

五、止戰爭

「武侯曰：欲見先生久矣，吾欲愛民而爲義偃兵，其可乎？徐无鬼曰：不可。愛民，害民之始也；爲義偃兵，造兵之本也。君自此爲之，則殆不成。凡成美，惡器也；君雖爲仁義，幾且僞哉！形固造形，成固有伐，變固外戰。君亦必无盛鶴列於麗譙之間，无徒驥於錙壇之宮，无藏逆於得，无以巧勝人，无以謀勝人，无以戰勝人。夫殺人之士民，兼人之土地，以養吾私與吾神者，其戰不知孰善，勝之惡乎在？君若勿已矣。修胸中之誠，以應天地之情而勿攖，夫民死已脫矣。君將惡乎偃兵哉！」（徐无鬼）

「韓魏相與爭侵地，子華子見昭僖侯，昭僖侯有憂色。子華子曰：今使天下書銘於君之前，書之言曰：左手攫之則右手廢，右手攫之則左手廢，然而攫之者必有天下，君能攫之乎？昭僖侯曰：寡人不攫也。子華子曰：甚善。自是觀之，兩臂重於天下也，身亦重於兩臂也。韓之輕於天下亦遠矣。今之所爭者，其輕於韓又遠，君固愁身傷生以憂戚之不得也。」（讓王篇）

當時之諸侯，殺民以爭城，殺民以爭地，皆假仁義之師以名之。故爭城以戰，殺人盈城；爭地以戰，殺人盈野。莊子以戰乃遂人主之私欲，養己之之私利，故不知以此而戰其孰能爲善也。以私戰而害民，反不如修胸中之誠，以應天地之情而勿攖，老子猶稱不得已而用兵，而莊子則反愛民爲義而偃兵，是更徹底之止戰之方法。

六、理想國

「故至德之世，其行塡塡，其視顛顛，當是時也，山无蹊隧，澤无舟梁，萬物群生，連屬其鄉。禽獸成群，草木遂長，是故禽獸可羈而遊，鳥鵲之巢可攀援而闚。夫至德之世，同與禽獸居

，族與萬物並，惡乎知君子小人哉！同乎无知，其德不離，同乎无欲，是謂素樸，素樸而民性得矣。」（馬蹄篇）

「子獨不知至德之世乎？昔者容成氏、大庭氏、伯皇氏、中央氏、栗陸氏、驪畜氏、軒轅氏、赫胥氏、尊盧氏、祝融氏、伏犧氏、神農氏，當是時也，民結繩而用之，甘其食，美其服，樂其俗，安其居，鄰國相望，雞狗之音相聞，民至老死不相往來，若此之時，則至治已。」（胠篋篇）

「至德之世，不尚賢，不使能，上如標枝，民如野鹿，端正而不知以爲義，相愛而不知以爲仁，實而不知以爲忠，當而不知以爲信，蠢動而相使，不以爲賜，是故行而無迹，事而無傳。」（天地篇）

莊子之理想社會，較老子更爲原始，老子之理想社會，原始社會中風俗淳美之社會也。莊子之原始社會，如馬蹄天地篇所云：山无蹊隧，澤无舟梁。萬物群生，連屬其鄉。禽獸成群，草木遂長，是故禽獸可羈而遊，鳥鵲之巢可攀援而闚。此宇宙初闢之社會眞描。殆至民有酋長，若容成氏之屬，已與老子所述者相同。故余以爲莊子所描，乃社會進化之跡。莊子之哲學，較老子更爲深廣者，其故在此。

肆　認知論

莊子之學，注重人內在生命與精神生命之開展，以拓人生新境界，然此境界之開拓，全在人之認知問題。人如眞能體道之眞境，則世上一切阻碍吾人通往此境界之障礙，皆將掃除；因吾人不能通往此境界之障碍，乃由於吾人認知之事物，與此事物之實在，其間距離甚大。由於距離甚大，則吾人之觀察，常陷於以是爲非，以非爲是。而陷入迷霧之中。欲除此障碍，惟吾人以靈明之心，以內觀之法，洞悉事物之底蘊，庶幾理達心明，事物之表裏精粗皆得。故其認知之論，非曰棄知，實乃去小知，去成見，一價値，求眞知也。

一、去小知

「小知不及大知，小年不及大年，奚以知其然也。朝菌不知晦朔，蟪姑不知春秋，此小年也。楚之南有冥靈者，以五百歲爲春，五百歲爲秋。上古有大椿，以八千歲爲春，八千歲爲秋，此大年也。而彭祖乃以久特聞，衆人匹之，不亦悲乎？」（逍遙遊）

「秋水時至，百川灌河，涇流之大，兩涘渚崖之間，不辨牛馬。於是焉河伯欣然自喜，以天下之美盡在己。順流而東行，至於北海，東面而視，不見水端。於是焉河伯始旋其面目，望洋向若而嘆曰：野語有之曰：聞道百，以為莫己若者，我之謂也。且夫我嘗聞少仲尼之聞而輕伯夷之義者，始吾弗信。今我睹子之難窮也，吾非至於子之門，則殆矣。吾長見笑於大方之家。」（秋水篇）

此小知大知之辨也。夫小知者，小有得焉，則欣然自喜，以為天下之知莫己若也。以壽論之，彭祖之壽，驕之世人，驕之朝菌，驕之蟪蛄，固無不可。然若驕之冥靈，驕之大椿，則其自慚，不問可知。河伯較之小流，自有可矜，然入之東海，不見端倪，四顧無際，則其窘態，不言自明。故莊子復曰：「井鼃不可以語於海者，拘於虛也；夏蟲不可以語冰者，拘於時也；曲士不可以語道者，束於教也。今爾出於塵涘，乃知爾醜，爾將可與語大理矣。」（秋水），故吾人若知吾知之有限，將安以小得而自喜乎？

二、去成見

「庸詎知吾所謂知之，非不知邪？庸詎知吾所謂不知之，非知邪？且吾嘗試問汝：民濕寢則腰疾偏死，鰌然乎哉？木處則惴慄恂懼，猿猴然乎哉？三者孰知正處？民食芻豢，麋鹿食薦，蝍蛆甘帶，鴟鴉嗜鼠，四者孰知正味？猨猵狙以為雌，麋與鹿交，鰌與魚游，毛嬙麗姬，人之所美也，魚見之深入，鳥見之高飛，麋鹿見之決驟，四者孰知天下之正色哉？自我觀之，仁義之端，是非之途，樊然殽亂，吾惡能知其辨。」（齊物論）

「自其異者視之，肝膽楚越也；自其同者視之，萬物皆一也。夫若然者，不知耳目之所宜，而遊心乎德之和；物視其所一而不見其所喪，視喪其足猶遺土也。」（德充符）

是故天下之事非，莫不由人之成見所生也。吾人所謂是者，在他物未必爲是，吾人所謂非者，在他人未必爲非，故是非乃出於吾人之主觀成見。人心之成見難以排除，則眞是非即無定準。以居處言，人喜安處，猿猴喜危居，以食飲言，人喜甘旨，蝍蛆逐臭；以美色言，人喜嬌色，而魚鳥則避。各適其性，非可一概論之也。故以成見論萬物，莫不失之於偏。此耳目之知不可信也。故曰：「大愚者，終身不解；大惑者，終身不靈。」惟遊心於德之和，以內知觀萬物，則不執矣。

三、一價值

「以道觀之，物无貴賤；以物觀之，自貴而相賤；以俗觀之，貴賤不在己；以差觀之，因其所大而大之，則萬物莫不大；因其所小而小之，則萬物莫不小；知天地之爲稊米也，知毫末之爲丘山也，則差數覩矣。以功觀之，因其所有而有之，則萬物莫不有；因其所无而无之，則萬物莫不无；知東西之相反而不可以相无，則功分定矣。以趣觀之，因其所然而然之，則萬物莫不然；因其所非而非之，則萬物莫不非。知堯桀之自然而相非，則趣操覩矣。」（秋水篇）

「昔者堯舜讓而帝，之噲讓而絕；湯武爭而王，白公爭而滅。由此觀之，爭讓之禮，堯桀之行，貴賤有時，未可以爲常也。梁麗可以衝城，而不可以窒穴，言殊器也；騏驥驊騮，一日而馳千里，捕鼠不如狸狌，言殊技也；鴟鵂夜撮蚤，察毫末，晝出瞋目，而不見丘山，言殊性也。蓋師是而無非，師治而無亂，是未明天地之理、萬物之情者也。」（秋水篇）

爭天下之是非，在爭其價值之大小，爭天下之尊名，在爭其貴賤之殊位。爭天下之得失，在論其事之成敗。然以實觀之，何貴何賤？何大何小？何得何失？無賤何貴？無小何大？無失何得？故以道觀萬物，萬物一齊，皆有其價；粱麗衝城，而不可塞穴。騏驥善奔，而不可捕鼠。鴟鵂夜能視，晝出不見。斤斤爭之，實無謂也。

四、求眞知

「道惡乎隱而有眞僞，言惡乎隱而有是非，道惡乎往而不存，言惡乎存而不可？道隱於小成，言隱於榮華。故有儒墨之是非，以是其所非而非其所是，欲是其所非而非其所是，則莫若以明。」（齊物論）

「是亦彼也，彼亦是也，彼亦是非，此亦一是非，果且有彼是乎哉？果且無彼是乎哉？彼是莫得其偶，謂之道樞。樞始得其環中，以應無窮，是亦無窮，非亦一無窮也，故曰莫若以明。」（齊物論）

故眞知之境，以道覩萬物也。以道觀萬物，則應之而無窮。此所謂明也。明者，眞知也。有眞知者，知天人之不相對立也，知時之變動不居也，知物之量數無窮也，知知不可盡也。故其言曰：

「知天之所爲，知人之所爲者，至矣！知天之所爲者，天而生也。知人知所爲者，以其知之所知以養其知之所不知，終其天年而大者，是知之盛也。」（大宗師）

又云：「夫物量無窮，時無止，分無常，終始無故，是故大知觀於遠近，故小而不寡，大而不多。知量無窮；證嚮今故，故遙而不悶，掇而不跂，知時无止，察乎盈虛，故得而不喜，失而不憂，知分之無常也。明乎坦塗，故生而不說，死而不禍，知終始之不可故也。計人之所知，不若其所不知，其生之時，不若其未生之時，以其至小求窮其至大之域，是故迷亂而不能自得也。」（秋水篇）

莊子之學。一言以蔽之曰：「求順」求「適」之學。何謂順，順者，「順天安命」；何謂「適」，「適己適人」之謂適。而求順求適之道爲何？則曰一「忘」字而已。故其宇宙論，以道爲宗，道者，自然之別名。其人生論，以逍遙爲宗，逍遙者，遊於自然之境。其政治論，以無爲爲宗，無爲者，順自然而行。其認識論，以眞知爲宗，眞知者，體道我之爲一。我與自然爲一體也。然欲達此境者，非「忘」不可，我有比較之心，才有大小之不同，我有名利心，才有貴賤之差別，我有得失心，才有成毀之憂慮，我有貪戀心，才有生死之煩惱，我有偏執心，才有是非心之爭辯，不若坐忘，四大皆空，泯人我之界，物我之界，萬物一體，相忘於道術。此時之自我，若彩蝶之翔於天空，魚之遊於江湖，此順適之眞境也。莊子以超人之智慧，超人眼界，超人氣魄，刻劃出人生超人之境界，全書以寓言文體，嘲諷世人之悲哀，此非衆人皆醉我獨醒者，何克臻此。然莊子之書，讀之不善，淪爲棄世，不知彼莊子者，果爲棄世，則其閎衍之巨著，亦將隨心齋而坐忘，更何必喋喋不休以擾世人之耳也。能語此者，方可讀莊。

第六章　墨子學述

墨子在先秦諸子中號稱顯學，當時大多孔墨並稱。韓非子顯學篇曰：「世之顯學儒墨也，儒之所至，孔丘也；墨之所至，墨翟也。」然史記中有孔子世家，孟荀列傳，而墨子則僅在孟荀列傳之末，附記其事曰：

「蓋墨翟，宋之大夫，善守禦，爲節用。或曰並孔子時，或曰在其後。」

寥寥二十四字之記述，前曰蓋，後用或曰，可見在司馬遷時，墨子之身世已經模糊，故其身世，頗多異說。先言其姓名，或云姓墨名翟，或云姓翟名墨。或云墨非姓，乃刑徒之人，故稱墨子。然據孫詒讓墨子傳略：「以墨子名翟，姓墨氏。」其據漢書藝文志：「墨子七十一篇，班固自注名翟。」即在墨子書中，亦有據焉。墨子與人問答，往往自稱爲翟。如耕柱、貴義、公孟、魯問等篇。此種自稱方式，就墨子前後言，原是通例。如論語中孔子自稱爲丘，孟子中孟子自稱爲軻。如是則墨子自稱爲翟，當亦爲名。其生卒年代，依諸家之考證，亦頗多異說。方授楚墨學源流定爲「周敬王三十年，而在孔子卒前十年。至墨子之卒年，當在周威烈王二十三年左右。」錢穆先生先秦諸子繫年：「墨子之生，至遲在元王之世，不出孔子卒後十年。其卒當在安王十年左右，不出孟子生前十年。」其說雖不一致，然斷定在孔子後，孟子之前，當無疑誤。蓋孔子之書，未提及墨子，而孟子書中，則明言拒楊墨也。至其籍貫，或云魯人，或云宋人，或云非中國之人，然孫詒讓墨子傳略，定爲魯國人爲可信。而呂覽當染、愼大篇高誘注，亦以爲魯人也。其出身由墨子書中考證，蓋爲平民，業工匠賤業，曾學儒者之業，後以其禮繁而不悅，故背周道而用夏政。其一生行事，棲棲遑遑，奔走各國之間，以行其兼愛非攻之主張。所至之國，以墨子書中考之，有宋、衞、齊、楚等國，此墨子身世之大較也。

墨子一書，漢書藝文志著錄墨子七十一篇，隨書經籍志載十五卷。今本亦十五卷，存五十三篇。今依胡適中國古代哲學史，將其篇目分作五組：

第一組─親士、修身、所染、法儀、七患、辭過、三辯七篇。或係僞託，或記墨學之概要。

第二組─尚賢、尚同、兼愛、非攻、天志、非命皆三篇。節用存上中兩篇。節葬下一篇，明鬼下一篇。非儒下一篇。非樂上一篇。共二十四篇。乃墨學之大綱目，墨書之中堅。

第三組─經上下篇，經說上下篇，大取、小取共六篇。乃墨子論理學。

第四組─耕柱、貴義、公孟、魯問、公輸五篇。記墨子言論及行事。

第五組─備城門、備高臨、備梯、備水、備突、備穴、備蛾傳、迎敵祠、旗幟、號令、雜守十一篇，乃專言守禦兵法。

其書蓋非墨子自著，多爲門弟子所述，非成於一時之作品也。玆將其學析論如后：

壹　形上論

宗教與哲學有殊，宗教之精神，在樹立中心之信仰，以為行事之準則也。哲學之精神，探索宇宙之本源也。二者關係密切，哲學為宗教信仰之根源，宗教為力行哲學之力量。墨子為實行家，其形上思想，乃據中國古代天道、鬼神、命運之說，加以發揮與創新，作為其行事之準則也。故其天志、明鬼、非命之說，以為其宗教信仰之大本。玆分別析之如后：

一、尊天

戰國之時，執政者狠戾好戰，淫亂奢侈，嚴刑苛稅，暴虐人民。而儒者之學，拘泥末節，徒事儀文，順天而信命，多失古聖賢之本旨。老聃楊朱之徒，祇圖己身之曲全，遯世悲觀。墨子有憤於此，故以尊天、明鬼、非命之說，作為其宗教道德之基礎。故在其思想中之天，為最高之主宰，天有意志，天德至善，是人類福祉之起點，師法之規範，故人當尊天。

(一)至高主宰

「我有天志，譬若輪人之有規，匠人之有矩。輪匠執其規矩，以度天下之方員。曰：中者是也，不中者非也。今天下士君子之書，不可勝載，言語不可盡計，上說諸侯，下說列士，其於仁

義，則大相遠也。何以知之？曰我得天下之明法。」（天志上）

「以磨爲日月星辰，以昭道之；制爲四時春秋冬夏，以紀綱之；雷降雪霜雨露，以長遂五穀麻絲，使民得而財利之；列爲山川谿谷，播賦百事，以臨司民之善否；爲王侯公伯，使之賞賢而罰暴；賊金木鳥獸，從事乎五穀麻絲，以爲民衣食之財；自古及今，未嘗有此也……今夫天兼天下而愛之，撽遂萬物以利之，若豪之末，非天之所爲，而民得利之，則可謂否矣。」（天志中）

故墨子以天爲至高主宰，天爲天下之法度，以天創造萬物也。故在墨子書中所記載之天，除與地相對物質之天外，全是指有位格主宰之天。計法儀篇提天二十二次，天志三篇中共提天一百四十三次，他篇尚未計及，可見天在墨子心中之地位。然墨子心中之天，以傳統之信仰爲基礎，以觀察萬物之所得，作出天至高無上之結論：

「昔三代聖王禹湯文武，欲以天之爲政於天子，明說天下之百姓，故莫不犓牛羊，豢犬彘，潔爲粢盛酒醴，以祭祀上帝鬼神，而求祈福於天，我未嘗聞天下之所求祈福於天子者也。我所以知天之爲政於天子者也。」（天志上）

「天子有疾病禍祟，必齋戒沐浴，潔爲酒醴粢盛，以祭祀天鬼，則天除去之，然吾未聞天之祈福於天子也。此吾所以知天之貴且知於天子者。」（天志中）

㈡天有意志

「然則天亦何欲何惡？天欲義而惡不義，然則率天下之百姓，以從事於義，則我乃爲天之所欲也。我爲天之所欲，天亦爲我所欲，……然則何以知天之欲義而惡不義，曰天下有義則生，無義則死，有義則富，無義則貧，有義則治，無義則亂，然則天欲其生而惡其死，欲其富而惡其貧，欲其治而惡其亂，此我所以知天欲義而惡不義也。」（天志上）

「天之意，不欲大國之攻小國也，大家之亂小家也，强之暴寡，詐之謀愚，貴之傲賤，此天之所不欲也。不止此而已，欲人之有力相營，有道相敎，有財相分也。又欲上之强聽治也，下之强從事也。上强聽治，則國家治矣，下强從事，則財用足矣。」（天志中）

墨子心中之天，非僅至高無上，且有意志，其意志爲何？欲義而惡不義，欲治而惡亂，若人順天之意而行事，則大國不攻小國，大家不亂小家，强不暴寡，詐不謀愚，貴不傲賤，以義行事。而能有力相營，有道相敎，有財相分，上强聽治，下强從事。能如是，則國與家不攻則治，人不相詐則治，力相營，財相分，則國家焉有不治者焉？

㈢天之德能

「順天意者，兼相愛，交相利，必得賞；反天意者，別相惡，交相賊，必得罰。然則是誰順天意而得賞者？誰反天意而得罰者？子墨子言曰：昔三代聖王，禹湯文武，此順天意而得賞也。昔三代之暴王，桀紂幽厲，此反天意而得罰者也。」（天志上）

「昔之聖王禹湯文武，兼愛天下之百姓，率以尊天事鬼，其利人多，故天福之，使立爲天子，天下諸侯，皆賓事之。暴王桀紂幽厲，兼惡天下之百姓，率以詬天侮鬼，其賊人多，故天禍之，使遂失其國家，身死爲僇於天下，後世子孫毀之，至今不息。故爲不善以得禍者，桀紂幽厲是也，愛人利人以得福者，禹湯文武是也。」（法儀）

故天不僅有意志，且有德能，其德能爲何？曰賞善罰惡是也。天如僅有意志而無從顯現，則其功能不著，故天志是天之意，天德是天之紀律，天有愛人之心，如無愛人之德能，則人何畏之。人如不奉行天志，天若能賞善罰惡，人之爲惡，天降禍以示之；人之爲善，天降福以勵之。人有避禍求福之心，則必勉而爲善。此天之德能也。

㈣人當法天

「今大者治天下，其次治大國，而無法所度，此不若百工辯也。然則奚以爲治法而可，當皆法其父母奚若？天下之爲父母者衆，而仁者寡，若皆法其父母，此法不仁也，法不仁不可爲法。當皆法其學奚若？天下之爲學者衆，而仁者寡，若皆法其學，此法不仁也，法不仁不可以爲法。當皆法其君奚若？天下之爲君者衆，而仁者寡，若皆法其君，此法不仁也，法不仁不可以爲法。故父母學君三者，莫可以爲治法，然則奚以爲治法而可？故曰莫若法天。」（法儀）

「天之行廣而無私，其施厚而不德，其明久而不衰，故聖王法之。既以天爲法，動作有爲，必度於天，天之所欲則爲之，天所不欲則止。」（法儀）

人當法天之理由，以天無私也，以天德厚也，以天至明也。天無私，故無不覆載；天德厚，施而不求報；天至明，福善以禍淫。父母學君三者，非不可法，以其不普也，以其有蔽也，以其力窮也。父母愛己子而外人之子，此其不普也；聖人各執一道，此其有蔽也；國君能懲小亂而不可治大亂，此其力窮也。天則不然，至高無上，其力不窮；天德至公，故其無私；天德至明，林谷幽門，無不鑒之。故曰：「焉而晏日，焉而得罪，將惡避逃之，曰無所避逃之。」（天志上）此人當法天之故也。

二、明鬼

墨子之明鬼，乃由天志演出，古昔傳統之天，是監管宇宙主。如國君之治國，宇宙之事至煩，故創鬼神以輔之，執天之命，以行天之志。故墨子信天，亦信鬼神。其將鬼神分爲三類：一天神，卽天界之神。二地祇，山川之神。三人鬼，卽人死後之靈魂。墨子確信鬼神之存在，並設法以證明之，使鬼神之道，深植於人心，以維護中國傳統之觀念，以建立其道德之基礎。

「周宣王殺其臣杜伯而不辜。杜伯曰：吾君殺我而不辜，若以死者爲無知則止矣；若以死而有知，不出三年，必使吾君知之。其三年，周宣王合諸侯，而田於圃，田車數百乘，從數千人滿野。日中，杜伯乘白馬素車，朱衣冠，執朱弓，挾朱矢，追周宣王，射之車上，中心折脊，殪車中，伏弢而死。當是之時，周人從者莫不見，遠者莫不聞，著在周之春秋。」（明鬼下）

「昔者虞夏三代之聖王，其始建國營都日，必擇國之正壇，置以爲宗廟；必擇木之修茂者，立以爲菆位；必擇國之父兄慈孝者，以爲祝宗；必擇六畜之勝循肥倅毛，以爲犧牲；珪璧琮璜，

稱財爲度，必擇五穀之芳黃，以爲酒醴粢盛，與歲上下也。故古聖王之治天下也，必先鬼神而後人者也。」（明鬼下）

「周書大雅有之曰：文王在上，於昭于天，周雖舊邦，其命維新。有周不顯，帝命不時，文王陟降，在帝左右，穆穆文王，令問不已。」（明鬼下）

墨子之明鬼，第一察於大衆人民之見聞，第二本於古昔聖王祭祖之典禮。第三徵以先聖之書。杜伯之殺宣王，衆人之所見也；聖王之祭祖，禮有常典；頌美文王，詩有所記。而其書中斯例不煩枚舉，故其以鬼神之存在，當不可置疑。如不然，則豈古籍不可信，聖王不足法乎？然墨子之言，仍係傳聞之記載，非得自親身之目擊，其可信性，雖甚薄弱，然墨子之意，只在求人之信鬼神，以建立其道德之約束力。至鬼神之意志，鬼神之德能，與人事鬼神之道，與天無殊，故不復贅也。

三、非命

墨子之非命，非非天命，乃非人倫理道德上之定命安命之說也。墨子以天志爲上，故主人順天法天，修德以受天命。惟對人倫道德上之定命安命之說。則非之不遺餘力。因此安命定命之說，對人之貧富，國之治亂、壽夭、皆有命定，以棄人爲而務安命，故其大聲疾呼曰：「執有命者不仁。」玆析其非命之說如后：

㈠命定之害

「執有命者之言曰：命富則富，命貧則貧，命衆則衆，命寡則寡，命治則治，命亂則亂。命壽則壽，命夭則夭，命雖强勁何益哉？上以說王公大人，下以駔百姓之從事，故執有命者不仁。」（非命上）

「執有命者言曰：上之所罰，命固且罰，不暴故罰也；上之所賞，命固且賞，非賢故賞也。以此爲君則不義，爲臣則不忠，爲父則不慈，爲子則不孝，爲兄則不良，爲弟則不弟，而强執此者，此特凶言之所自生，而暴人之道也。然則何以知命之爲暴人之道？昔上世窮民，貪於飲食，惰於從事，是以衣食之財不足，而飢寒凍餒之憂至。不知曰：我罷不肖，從事不疾，必曰：我命固且貧。若上世暴主，不繆其耳目之淫，心涂之辟，不順其親戚，遂以亡失國家，傾覆社稷，不知曰：我罷不肖，爲政不善，必曰：吾命固失之。」（非命上）

是以安命定命之說，其爲害亦滋甚，蓋既爲命定，則賞不足勸，罰不足威，故道德淪喪，禮節蕩然不存。且命定深入人心，則下不肯從事，上不肯聽治，下不肯從事，則農夫怠於耕織；上不肯聽治，則安於淫樂，故庶人則衣食不足，國家則刑政大亂。此命定說之害也。

㈡無命之證

「嘗尙觀於古聖王之事，古者桀之所亂，湯受而治之；紂之所亂，武王受而治之。此世未易民未渝，在於桀紂，則天下亂，在於湯武，則天下治，豈可謂有命哉！」（非命上）

「我所以知命之有與亡者，以衆耳目之情，知有與亡。有聞之，有見之，謂之有；莫之聞，莫

之見，謂之亡。然胡不嘗考之百姓之情，自古以及今，生民以來者，亦嘗見命之物，聞命之聲者乎？則未嘗有也。」（非命中）

「故昔者禹湯文武，方爲政乎天下之時，曰必使飢者得食，寒者得衣，勞者得息，亂者得治，遂得光譽令問於天下，夫豈可爲命哉？故以爲其力也。今賢良之人，尊賢而好功道術，故上得王公大人之賞，下得萬民之譽，遂得光譽令問於天下，亦豈以爲其命哉？又以爲力也。」（非命下）

墨子證事，善用其三表法，所謂考先聖王之事，原衆耳目之情，察之乎刑政。今以古聖王之治觀之，國治在人不在命。以衆耳目之情觀之，命莫之見而不存，以刑政之良窳觀之，良窳在人不在命。故執命定之說者，是徒欲亂天下之政，使上不力治，下不力事，使人不勸賞，人不畏罰，故命定說乃人類災禍之根源，故墨子力斥命之無有，全在人爲也。

㈢命之成因

「然今以命爲有者，昔三代暴王，桀紂幽厲，貴爲天子，富有天下，於此乎，不而矯其耳目之欲，而從其心意之辟，外之敺騁田獵畢弋，內湛於酒樂，而不顧其國家百姓之政，繁爲無用，暴逆百姓，遂失其宗廟，其言不曰吾罷不肖，吾聽治不强，必曰吾命固將失之。雖昔也三代罷不肖之民，亦猶此也。不能善事親戚君長，甚惡恭儉，而好簡易，貪飲食而惰從事，衣食之財不足，是以身有陷乎飢寒凍餒之憂，其言不曰吾罷不肖，吾從事不强，又曰吾命固將窮，昔三

代僞民，亦猶此也。」（非命下）

「故曰：命者，暴王所作，窮人所述，非仁者之言也。今之爲仁義者，將不可不察，而强非者，此也。」（非命下）

故墨子以爲命之成因，乃暴王之荒淫者之藉口，窮人惰者之口實，故不可不愼也。暴王失其天下，乃由不行仁政，而當其失也，無以救之，則曰吾命固失。庶人不事力耕，致衣食不足，而不肯責己之惰，則曰吾命固窮，此亂天下之道也。

墨子之形上思想，無非欲藉天鬼之力量，勸人勉力行善，戒人怠惰爲惡，更進而以努力克服命定，增加人之信心。以表面觀之，尊天事鬼與非命實相矛盾，其實墨子之非命定，正乃順天之意。因命定之說，乃暴王之作，窮人所述，非爲義明矣，非義之事，則天之不欲亦明矣。故吾人知其尊天明鬼之說，乃欲藉宗敎信仰之力量，以維持人類政治道德之規範也。

貳　人生論

墨子目覩人與人之間乖忤、詐欺，家與國之間篡奪、盜竊，國與國之間爭戰、殘殺，皆由於人與人之間之不相兼愛也。不相兼愛，則有遠近親疏之別，因有遠近親疏之別，臨之以利害之際，則必虧人以自利，故提出兼愛之主張。兼愛者，博愛也，博愛者，無人我之分，無空間之別，無計利之報也。而兼愛之準繩，則以義爲準，而墨子釋義則曰：「義，利也。」蓋爲義之道，在利人利己，而此利己利人之義，實天志也。故曰：「天欲義而惡不義。」天旣欲義而惡不義，而人當順天志，故又曰：「順天意者，兼相愛，交相利也。」人惟能兼相愛，才能交相利。此其貴義與兼愛人生論之提出也。

一、兼愛

㈠兼愛之起因

「今諸侯獨知愛其國，不愛人之國，是以不憚舉其國，以攻人之國；今家主獨知愛其家，而不愛人之家，是以不憚舉其家，以篡人之家；今人獨知愛其身，不愛人之身，是以不憚舉其身，以賊人之身；是故諸侯不相愛，則必野戰；家主不相愛，則必相篡；人與人不相愛，則必相賊；君臣不相愛，則不惠忠；父子不相愛，則不慈孝，兄弟不相愛，則不和調；天下之人皆不相愛，強必執弱，富必侮貧，貴必傲賤，詐必欺愚，凡天下禍篡怨恨，其所以起者，以不相愛生也。」（兼愛中）

「姑嘗本原若衆害之所自生，此胡自生？此自愛人利人生與？卽必曰非然也。必曰從惡人賊人生。分名乎天下惡人而賊人者兼與別與？卽必曰別也。然卽之交別者，果生天下之大害者與？是故別非也。子墨子曰：非人者必有以易之，若非人者而無以易之，譬之猶以水救水也，其說將必無可焉。是故子墨子曰：兼以易別。」（兼愛下）

是故天下之大至爭國，小至盜竊，皆起於人之不相愛，不相愛之道，則起於別也。別者，別人我之分，別親疏之辨，別遠近之等。人一有別，則私心自生，私心一生，則虧人以利己，虧疏以利親，虧遠以利近。如此則互惡以生，互惡一生，則不相愛，不相愛則必相賊，此亂之所自起也。若易之以兼愛，則無此弊也。

(二)兼愛之大利

「若使天下兼相愛，愛人若愛其身，猶有不孝者乎？視父兄與君若其身，惡施不孝；猶有不慈者乎？視弟子與臣若其身，惡施不慈，故不孝不慈無有。猶有盜賊乎？故視人之室若其室，誰竊？視人身若其身，誰賊？故盜賊無有。猶有大夫之相亂家，諸侯之相攻國者乎？視人家若其家，誰亂？視人國若其國，誰攻？故大夫之相亂家，諸侯之相攻國者無有。若使天下兼相愛，國與國不相攻，家與家不相亂，盜賊無有，君臣父子皆能孝慈，若此則天下治。故聖人以治天下爲事者也，惡得不禁惡而勸愛。」（兼愛上）

古語云：「愛人者，人恒愛之；敬人者，人恒敬之。」墨子論兼愛之道，蓋有取乎斯義也。故愛人者，卽所以愛己之道也。我愛人人，則人人亦必愛我，人人以愛相交，則天下之亂奚自而起也。故曰：「愛人不外己，己在所愛之中」此兼愛之大利也。

(三)兼愛乃大道

「昔者文王之治西土也，若日若月，乍光於四方，于西土，不爲大國侮小國，不爲衆庶侮鰥寡，不爲暴勢奪穡人黍稷狗彘，天屑臨文王慈，是以老而無子者，有所得終其壽，連獨無兄弟者，有所雜於生人之間，少失其父母者，有所放依而長，此文王之事，則吾今行兼矣。」（兼愛中）

「周詩曰：王道蕩蕩，不偏不黨，王道平平，不黨不偏。其直若矢，其易若底，君子所履，小人之所視。若吾言非語道之謂也，古者文武爲正，均分，貴賢罰暴，勿有親戚兄弟之所阿，即此文武兼也。」（兼愛下）

故兼愛之道，古聖王之道，載籍所記，皆有其事，可考可稽。非徒空說也。禹兼愛天下之人，故三過其門而不入。湯愛天下之人，故禱於桑林。文王愛天下之人，故澤及枯骨。此皆古聖王兼愛天下之事也。再以書志之言觀之，禹曰：「蠢茲有苗，用天之罰。」湯曰：「萬方有罪，即當朕身。」泰誓曰：「文王若日若月乍照，光於四方西土。」皆古聖王兼愛天下之志也。故兼愛之道，聖王之道也。

(四)兼愛乃人性

「誰以爲二士，使其一士者執別，使其一士者執兼，是故別士之言曰：吾豈能爲吾友之身，若爲吾身，爲吾友之親，若爲吾親。是故退睹其友，飢即不食，寒即不衣，疾病不侍養，死喪不葬埋。別士之言若此，行亦不然。曰：吾聞爲高士於天下者，必爲其友之身，若爲其身，爲其友之親，若爲其親，然後可以爲高士於天下。是故退睹其友，飢則食之，寒則衣之，疾病侍養之，死喪埋葬之，兼士之言若此，行若此……然卽敢問，今有平原廣野於此，被甲嬰冑將往戰，死生之權，未可識也……然卽敢問不識將惡也，家室，奉承親戚，提挈妻子，而寄託之，不識於兼之有是乎？於別之有是乎？我以爲當其於此也，天下無愚夫愚婦，雖非兼之人，必寄託於兼之有是也。」（兼愛下）

故墨子不僅以兼愛爲聖王之大道，且人性之本然。愚夫愚婦，亦知愛兼而惡別，蓋兼者能損己利人，別者則損人利己。故吾人擇兼而棄別。故不愛人者，人亦必惡之，而欲以別爲天下倡，則人皆必以倡別者爲不祥之言也。是以一人說之，一人欲殺倡別者以利己，十人說之，十人欲殺倡別者以利己，天下人說之，天下人欲殺倡別者以利己。一人不說之，一人欲殺倡別者，十人不說之，十人欲殺倡別者，天下人不說之，天下人欲殺倡別者，以其言爲不祥言也。此子墨子答巫馬子之問（耕柱篇），是可見兼愛乃人之本性也。

㈤兼愛之易行

「此何難之有，特上弗以爲政也，士不以爲行故也。昔者晉文公好士之惡衣，故文公之臣，皆牂羊之裘，韋以帶劍，練帛之冠，入以見於君，出以踐於朝，是其故何也？君悅之，故臣爲之也。昔者楚靈王好士細要，故靈王之臣，皆以一飯爲節，脇息然後帶，扶牆然後起，比期年，朝有黧黑之色，是其故何也？君說之，故臣爲之也。昔越王勾踐，好士之勇，教馴其臣和合之，焚舟失火，試其士曰：越國之寶盡在此，越王親自鼓其士而進之，士聞鼓音，破碎亂行，蹈

火而死者，左右百人有餘，越王擊金鼓而退之。是其故何也？君說之，故臣爲之也。」（兼愛中）

故兼愛之道，非難而易行，全在爲上者以身倡之。若文公好敝衣，群臣無不儉；楚王好細腰，群臣皆節食；越王好勇，群士樂死。故兼愛之道，其行不難，若在上位者能以身倡之，天下之百姓群臣無不影隨矣。

然墨子之兼愛，孟子斥之爲無父無君，是禽獸也。其實墨子於尚同中云：「無君臣上下長幼之節，父子兄弟之禮，則天下亂焉。」又其書中，於君臣父子之道，亦數見不鮮，是知墨子非無父無君之人。惟墨子之兼愛，以義爲準，以利是觀，利人卽所以利己。兼愛下不云乎：「吾不識孝子之爲親度者，亦欲人愛利其親與？意欲人之惡賊其親與？」又云：「無言而不讎，無德而不報，投我以桃，報之以李。」此愛人卽愛己之意也。故墨子之愛，理智之愛也，孟子之愛，情愛也。情愛由親及疏，知愛同時相施，此其不同也。

二、貴義

墨子以義爲行事之準繩，然其所謂義，非人倫道德之義，乃天志之義，故合於義者，無不善也。故其學說中之尙賢、尙同、兼愛、非攻、節用、節葬、天志、明鬼、非樂、非命，無不以義字爲衡量之準繩。作爲其道德之統一。然墨子何以必以義乃出於天志，此以天之無私，明察，自無不公，自無不照。故其爲義，則無不利於萬物者也。故曰：「義，利也。」今覩其論義之說如后：

㈠義之來源

「義不從愚且賤者出，必自貴且智者出。何以知義之不從愚且賤者出，而必自貴且智者出也？曰：義者善政也。何以知義之爲善政也？曰：天下有義則治，無義則亂，是以知義之爲善政也。夫愚且賤者，不得爲政乎貴且知者，（貴且知者），然後得爲政乎愚且賤者，此吾所以知義之不從愚且賤者出，而必自貴且知者出也。然則孰爲貴？孰爲知？曰：天爲貴，天爲知而已矣，然則義果自天出矣。」（天志中）

「故子墨子置天之以爲儀法，非獨子墨子以天之治爲法也，於先王之書，大夏之道之然。帝謂文王，予懷明德，毋大聲以色，毋長夏以革，不識不知，順帝之則。此語文王以天志爲法也，而順帝之則也。且今天下之士君子，中實將欲爲仁義，求爲上士，上欲中聖王之道，下欲中國家百姓之利，當天之志，而不可不察也。天志者，義之經也。」（天志下）

故義之來源自天志，在墨子書中甚明。墨子所以假義爲天志，蓋藉中國古代傳統人信仰天之靈明，以爲行義之助力。一般人倫道德之義，對人之約束力量不大，故提出義來自天志之說。然其對義之功能，又三復闡述之：

㈡義之功能

「然則何以知天之欲義而惡不義？曰：天下有義則生，無義則死；有義則富，無義則貧；有義

則治，無義則亂；然則天欲其生而惡其死，欲其富而惡其貧，欲其治而惡其亂。此我所以知天欲義而惡不義。」（天志上）

「順天之意者兼也，反天之意者別也，兼之爲道也義正，別之爲道也力正，曰義正者何若？曰大不攻小也，強不侮弱也，衆不賊寡也，詐不欺愚也，貴不傲賤也，富不驕貧也，壯不奪老也。是以天下之庶國，莫以水火毒藥兵刃以相害也。若事上利天，中利鬼，下利人，三利而無所不利，是謂天德。」（天志下）

「今用義爲政於國家，人民必衆，刑政必治，社稷必安，所貴爲良寶者，可以利民也，而義可以利人，故曰：義，天下良寶也。」（耕柱）

故義之爲用，以正天下者也。以義正上，則大不攻小，強不侮弱，衆不暴寡。以之正下，則知不欺愚，貴不傲賤，富不驕貧。天下人皆以義相交，則刑政治，社稷安，故曰：上利天，中利鬼，下利人，此天之所欲，故爲天德，而亦天下之良寶也。

㈢義之實行

「治徒娛縣子碩問於子墨子曰：爲義孰爲大務？子墨子曰：譬若築牆然，能築者築，能實壤者實壤，能欣者欣，然後牆成也。爲義猶是也，能談辯者談辯，能說書者說書，能從事者從事，然復義事成也。」（耕柱）

「巫馬子謂子墨子曰：子之爲義也，人不見而耶，鬼不見而富，而子爲之，有狂疾。子墨子曰

：今使子有二臣於此，其一人者見子從事，不見子則不從事；其一人者，見子亦從事，不見子亦從事，子誰貴於此二人？巫馬子曰：我貴其見我亦從事，不見我亦從事者。子墨子曰：然則是子亦貴有狂疾也。」（耕柱）

故墨子以爲行義之道，在天下之人分工合作，各盡其份，各盡其責，以義爲天下倡，而且行義在不計人之毀譽，不計報酬，不求人知，出自眞心，發自誠意，身體力行，才可兼善天下。故曰：「言義而弗行，是犯明也。」（魯問）

叁　政治論

墨子之政治思想，以尙同爲其政治型態，以尙賢、非攻、節用、節葬、非樂爲其政治主張，以兼愛爲其政治目標。尙同者，以春秋戰國之世，王政旣微，諸侯力政，時君世主，好惡殊方，而且攻弑篡奪、兼併不已。故墨子冀天下之一統，故有尙同之說。以其政治主張言，尙賢在抨擊貴族之專政，非攻在抨擊强之暴寡，節用、節葬、非樂在抨擊爲政者之奢靡，故墨子非之。然其終極目標，仍在達成其兼愛之主張，使天下達於大同之治也。

一、政治理論

㈠國家起源說

「古者民始生，未有刑政之時，蓋其語人異義。是以一人則一義，二人則二義，十人則十義，其人玆衆，其所謂義者亦玆衆。是以人是其義，以非人之義，故交相非也。是以內者父子兄弟作怨惡，離散不能相和合，天下之百姓，皆以水火毒藥相虧害，至有餘力，不能以相勞；腐朽餘財，不以相分，隱匿良道，不以相敎；天下之亂，若禽獸然。夫明乎天下之所以亂者，生於無政長，是故選天下之賢可者，立爲天子。」（尙同上）

墨子論國家之起源，與西方之民約論相類似。以國家之成立，君主之產生，由於世亂之需求。而此君主正長由何者選之，墨子雖未明言，然從墨子書中頌美聖王之語觀之：「天鬼賞之，立爲天子。」「故天使貴爲天子，富有天下」之語，乃由天選定。惟此天選定之天子，或仍由民意以表現之也。天子選定之後，其職權又如何？

㈡君權神聖說

「正長既具，天子發政於天下之百姓，言曰：聞善而不善，皆以告其上。上之所是，必皆是之，所非，必皆非之。上有過則規諫之，下有善則傍薦之。上同而不下比。此上之所賞，而下之譽也。」（尙同上）

「凡國之萬民，上同乎天子，而不敢下比。天子之所是，必亦是之，天子之所非，必亦非之。去而不善言，學天子之善言；去而不善行，學天子之善行。天子者固天下之仁人也。舉天下之

萬民，以法天子，夫天下何說而不治哉？」（尙同中）

衆民既遵天意選其爲天子，故必放棄一己之意欲，以順天子之意爲行事之準則。一切聽其號令，效其行爲。此君權神聖之說也。惟此神聖之君權，其臣下雖有規諫之責，然若君主不受時，其正之者又爲何人？

㈢君權之限制

「天下之百姓，皆上同於天子，而不上同於天，則菑猶未去也。今若天飄風苦雨，溱溱而至者，此天之所罰百姓之不上同於天者也。」（尙同上）

「故昔三代聖王，禹湯文武，欲以天之爲政於天子，明說天下之百姓，莫不犓牛羊，豢犬彘，潔爲粢盛酒醴，以祭祀上帝鬼神，而求祈福於天，我未嘗聞天下之所求祈福於天子者也，我所以知天之爲政於天子者也。」（天志上）

故墨子之理論，較西方之霍布斯爲圓滿。霍氏謂相約立定君主之後，國民之權力委之君主，君主得恣意行事，而無限制，國君不守其約，民亦無之如何。墨子知君權之不可無限制，故設天以正天子，此天者，或仍將由民意以表現之也。

㈣君主之責任

「故古者之置正長也，將以治民也。譬之若絲縷之有紀，而罔罟之有綱也，將以運役天下淫暴，而一同其義也。是以先王之書，相年之道曰：夫建國設都，乃作后王君公，否用泰也，輕大夫師長，否用佚也，維辯使治天均。則此語古者上帝鬼神之建設國都，立正長也，非高其爵，厚其祿，富貴佚而錯之也。將以爲萬民興利除害，富貴貧寡，安危治亂也。」（尙同中）

「故古者聖王，明天鬼之所欲，而避天鬼之所憎，以求興天之利，除天下之害也。是以率天下萬民……春秋祭祀，不敢失時幾，聽獄不敢不中，分財不敢不均，居處不敢怠慢……。其爲政若此，是以謀事得，舉事成，入守固，出誅勝。」（尙同中）

故君主之責任，在興天下之利，除天下之害，非爲己身之享樂也，在謀天下人之福利。並以刑政之治，賞善罰惡，奬民之爲善者，罰民之不守紀者。分天下之財，均天下之富，必兢業以從事，無敢怠慢，然後天下可得而治也。

㈤政府之組織

「明乎民之無正長，以一同天下之義，而天下亂也。是故選擇天下賢良聖知辨慧之人，立以爲天子。使從事乎一同天下之義。天子旣以立矣，以爲唯其耳目之請，不能獨一同天下之義，是故選擇天下贊閱賢良聖知辯慧之人，置以爲三公，與從事乎一同天下之義。天子三公旣立矣，以爲天下博大，山林遠土之民，不可得而一也。是故靡分天下，設以爲萬諸侯國君，使從事乎一同其國之義。國君旣立矣，又以唯其耳目之請，不能一同其國之義，是故擇其國之賢者，置以爲左右將軍大夫，以遠至乎鄉里之長，與從事乎一同其國之義。」（尙同中）

故其政府組織，約略分之。乃天子之下有三公，有國君諸侯，國君諸侯之下，置左右將軍大夫，其下復設鄉里之長，以代天子分治天下之事。各級正長之產生，三公或由天子選定，國君諸侯，或由三公輔佐天子選定。將軍大夫或由諸侯選定。鄉里長或由將軍大夫輔佐國軍諸侯選定，而各級之正長，必須是天下賢者。此其政府組織之大較也。

二、政治主張

墨子政治主張，大別之分爲三項。一行政主張，以尚賢使能。外交主張，以兼愛非攻。經濟主張，以節用尚儉。尚賢之政，反對貴族之專政。非攻之政，反對兼併呑滅。節用之政，反對奢靡浪費，茲分別述之如后：

㈠行政主張——尚賢使能

墨子之行政主張，曰尚賢使能，因其時貴族政治未曾消滅，政權多半把持於貴族之手，國君用人，以宗戚是尚，嬖倖是用。平民之賢者，雖有躋身於政治舞台者，然其數甚鮮。故墨子提出尚賢之說，以求政治之清明。故其論賢士於治國之重要曰：

「今者王公大人，爲政於國家者，皆欲國家之富，人民之衆，刑政之治，然而不得富而得貧，不得衆而得寡，不得治而得亂，則是本失其所欲，得其所惡，是其故何也？子墨子言曰：是在王公大人，爲政於國家者，不能以尚賢事能爲政也。」（尚賢上）

賢者於治國之重要，於此可見。而墨子以爲任賢之道爲何。其一曰重之以祿，二曰公正無私，三曰任之以事。

1.重之以祿

「然則衆賢之術將奈何哉？子墨子言曰：譬若欲衆其國之善射御之士者，必將富之貴之，敬之譽之，然後國之善射御之士，將可得而衆也。況又有賢良之士，厚乎德行，辯乎言談，博乎道術者乎？此固國家之珍，而社稷之佐也，亦必且富之貴之，敬之譽之，然后國之良士，亦將可得而衆也。」（尚賢上）

「何謂三本？曰：爵位不高，則民不敬也；蓄祿不厚，則民不信也；政令不斷，則民不畏也。故古聖王高予之爵，重予之祿，任之以事，斷予之令，夫豈爲臣賜哉？欲其事之成也。」（尚賢中）

故國君欲國家賢士衆，必對賢士敬而禮之，若國君不能敬賢禮賢，則所謂賢士者，必將以國君之禮貌衰而去之也。然國君之於賢者，非徒敬而禮之，必高予之爵，厚予之祿，而任之以專，高予爵者，使其位崇也。厚予之祿者，使其無虞也。任之以專者，使其能治事也。賢士位崇祿厚，又能展其長材，則焉有不爲國效命者乎？

2.公正無私

「故古者聖王甚尊尚賢而任使能，不黨父兄，不偏富貴，不嬖顏色，賢者擧而上之，富而貴之，以爲官長；不肖者抑而廢之，貧而賤之，以爲徒役，是以民皆勸其賞，畏其罰，相率而爲賢

者。」（尚賢中）

「今王公大人，其所富，其所貴，皆王公大人骨肉之親，無故富貴，面目美好者也；今王公大人骨肉之親，無故富貴，面目美好者，焉故必知哉，若不知使治其國家，國家之亂，可得而知也。」（尚賢下）

國君之任人，必公正無私，不以親子父兄之情而任之，不以權勢之位而任之，不以喜其顏色而任之。任父兄之情者，偏於私也。任權勢之情者，畏其位也。任顏色之情者，蔽於色也。私位色三者，皆才不當其能，才不當其位也。才不當能，才不當位，任之以事，其敗可睹而知也。

3.任之以事

「然後聖人聽其言，迹其行，察其所能而愼予官，此謂事能。故可使治國者使治國，可使長官者使長官，可使治邑者使治邑，凡所使治國家、官府、邑里，此皆國之賢者也。」（尚賢中）

「故先王言曰：貪於政者，不能分人以事；厚於貨者，不能分人以祿。事則不與，祿則不分，請問天下之賢人，將何至乎王公大人之側哉？」（尚賢中）

賢者之爲人也，在展其才也，在展其能也。若君敬而禮之，而不任之事，則賢者之士，非願無功而受祿者也。而人主求賢之道，亦在用賢者之才，用賢者之能，任而不使，是棄賢者之道也。然用賢之道爲何？曰量能而任之，故不可濫設，不可非使，濫設非使，皆非任賢之道也。

(二)外交主張—兼愛非攻

墨子主張兼愛，必須主張非攻，因爲祇有兼愛，才能非攻；惟有非攻，才能達到眞正之兼愛。兼愛與非攻是墨子福國利民一體之兩面。故在理論上，非攻出於兼愛，在實行上，兼愛首重非攻。然墨子之非攻，並非非戰，非攻者，非不義之攻，侵略之攻。不非戰者，爲自衞保民而戰也。故墨子書中特重防禦之道者此也。蓋當時國際之間，兼併成性，鮮有正義之制裁，故墨子提出兼愛非攻之主張。

1.侵攻非義

「殺一人，謂之不義，必有一死罪矣。若以此說往，殺十人，十重不義，必有十死罪矣；殺百人，百重不義，必有百死罪矣。當此天下之君子，皆知而非之，謂之不義。今至大爲不義，攻國則弗知非，從而譽之，謂之義，情不知其不義也。」（非攻上）

「今王公大人天下之諸侯則不然。將必皆差論其爪牙之士，皆列其舟車之卒伍，於此爲堅甲利兵，以往攻無罪之國。入其國家邊境，芟刈其禾稼，斬其樹木，墮其城郭，以湮其溝池，攘殺其牲牷，燔潰其祖廟，勁殺其萬民，覆其老弱，遷其重器，卒進而柱乎鬥。曰：死命爲上，多殺次之，身傷者爲下，又況失列北橈乎哉，罪死無赦。以譂其衆，夫無兼國覆軍，賊虐萬民，以亂聖人之緒。」（非攻下）

故嗜侵略之人，殘民以逞，發動戰爭，然其爲戰，非爲義戰，乃貪人之國，貪人之財，此如盜竊之入人園圃，竊人桃李；盜竊之入人廐欄，盜人牛馬者有何不同？而盜賊之人，人皆非之，今大至攻人之國，而號曰義，是亂天下之甚者也。而且攻戰之害，其害較盜竊之也滋甚。

2.侵攻之害

「今師徒唯毋興起，多行恐寒，夏行恐暑，此不以多夏爲者也。春則廢民耕稼樹藝，秋則廢民穫斂，今唯毋廢一時，則百姓飢寒凍餒而死者，不可勝數。今嘗計軍上，竹箭羽旄幄幕，甲盾撥刼，往而靡弊腑冷不反者，不可勝數。又與矛戟戈劍乘車，其列住碎柱折靡弊而不反者，不可勝數。與其牛馬，肥而往，瘠而反，往死亡而不反者，不可勝數。與其涂道之脩遠，糧食輟絕而不繼，百姓死者，不可勝數也。與其居處之不安，食飯之不時，饑飽之不節，百姓之道疾病而死者，不可勝數。喪師多不可勝數，喪師盡不可勝計，則是鬼神之喪其主后，亦不可勝數。」(非攻中)

「計其所自勝，無所可用也。計其所得，反不如所喪者之多。今攻三里之城，七里之郭，攻此不用銳，且無殺而徒得此然也。殺人多必數於萬，寡必數於千，然後三里之城，七里之郭，且可得也。……今盡王民之死，嚴上下之患，以爭虛城，則是棄所不足，而重有餘也。爲政者若此，非國之務也。」(非攻中)

故攻戰之害，不可勝數。以人民言，出軍興師，農不得耕，婦不得織。上無暇聽治，士無暇治官，其弊一也；以軍費言，牛馬之損傷，戈甲之損失，廬舍之爲墟，府庫之消耗，不可勝計。以生靈言，生命之傷失，飢餓之疾病，疲憊之勞困，又不可勝計。而其所得者，只在爭一虛城，此得不償失之道也。此侵攻之害也。

3.國際交往

「藉爲人之國，若爲其國，夫誰獨舉其國，以攻人之國者哉？爲彼者由爲己也。爲人之都，若爲其都，夫誰獨舉其都，以伐人之都者哉？爲彼猶爲己也。爲人之家，若爲其家，夫誰獨舉其家，以亂人之家者哉？爲彼猶爲己也。然皆國都不相攻伐，人家不相亂賊，此天下之害與？天下之利與？卽必曰天下之利也。」（兼愛下）

「今若有能以義名立於天下，以德求諸侯者，天下之服，可立而待也。夫天下處攻伐久矣，譬如傅子之爲馬然。今若有能信效，先利天下諸侯者，大國之不義也，則同憂之；大國之攻小國也，則同救之；小國城郭之不全也，必使修之；布粟之絕則委之，幣帛不足則共之，以此效大國，則小國之君說……此天下之利，而王公大人不知而用，則此可謂不知利天下之巨務矣。」（非攻下）

故墨子以國際間交往，以兼愛爲先，以義爲準。以兼愛爲先則不攻。以義相交則睦處。國與國之間，以珠玉皮幣相往來，以卑辭令禮相訪問，有非義攻者則同救之，寬以厚人，信以立己。則國與國之間，睦洽相處，此兼愛非攻以達國際之和平相處之道也。

㈢經濟主張—崇尚節儉

墨子爲實利主義者，其經濟主張，以節用爲骨幹，節葬不過節用之一端，而非樂亦乃從節用中演出之。墨子甚注重人民之生計問題，七患篇云：「民無食，則不可事。」故其於當時君主費用之侈靡、喪葬之浪費，聲色之享受，大聲疾呼而非之。故其經濟主張，一曰節用之要，二曰侈靡之害，三曰開源之道。

1.節用之要

「聖人爲政一國，一國可倍也；大之爲政天下，天下可倍也。其倍之，非外取地也，因其國家，去其無用之費，足以倍之。聖王爲政，其發令興事，使民用財也，無不加用而爲者，是故用財不費，民德不勞，其興利多矣。」（節用上）

「古者聖王制爲節葬之法曰：衣三領，足以朽肉，棺三寸，足以朽骸，掘穴深不通於泉，流不發洩則止。死者旣葬，生者毋久喪用哀。」（節用中）

「是故子墨子之所以非樂者，非以大鐘鳴鼓，琴瑟竽笙之聲，以爲不樂也。非以刻鏤華文章之色，以爲不美也；非以犓豢煎炙之味，以爲不甘也。非以高臺厚榭邃野之居，以爲不安也。雖身知其安也，口知其甘也，目知其美也，耳知其樂也。然上考之不中聖王之事，下度之不中萬民之利。是故子墨子曰：爲樂非也。」（非樂上）

故墨子經濟主張，以節用爲要。其以爲人衣食住行四者，取乎適用卽可。如衣之道，在乎蔽體；室之道，在乎禦寒雨；食之道，在乎充腹；行之道，在乎利達；凡加於此者，卽爲浪費。至於喪葬之禮，取其至儉，而犬馬聲色之樂，墨子斥之爲無用之浪費。故聖王如知節儉之道，卽倍其財用也。

2.侈靡之害

「故曰以其極賞，以賜無功；虛其府庫，以備車馬衣裘奇怪；苦其役徒，以治宮室觀樂，死又厚爲棺椁，多爲衣裘；生時治臺榭，死又脩墳墓，故民苦於外，府庫單於內，上不厭其樂，下不堪其苦，故國離寇敵則傷，民見凶饑則亡，此皆備不具之罪也。」（七患）

「此存乎王公大人有喪者，曰棺椁必重，葬埋必厚，衣衾必多，文繡必繁，邱隴必巨。存乎匹夫賤人死者，殆竭家室；諸侯死者，虛車府，然後金玉珠璣比乎身，綸組節約，車馬藏乎壙，又必多爲屋幕，鼎鼓几梴壺濫，戈劍羽旄齒革，寢而埋之，滿意，若送從，曰天子殺殉，衆者數百，寡者數十；將軍大夫殺殉，家者數十，寡者數人。」（節葬下）

故侈靡之害，於己言之，浪財消志，於國言之，府庫空虛。而國君喜侈靡，必多取之於民，是暴奪人民衣食之財，以困其生者也。而其尤者，厚葬傷生害事，民貧則淫僻難治，君奢恣志妄爲，此欲國之無亂，不可得也。

3. 開源之道

「凡天下群百工、輪、車、韗、鞄、陶、冶、梓、匠，使各從其事也。」（節用中）

「王公大人，蚤朝晏退，聽獄治政，此其分事；士君子竭股肱之力，亶其思慮之智，內治官府，外收斂關市山林澤梁之利，以實倉廩府庫，以其分事；農夫蚤出暮入，耕稼樹藝，多衆菽粟，此其分事也；婦女夙興夜寐，紡績織紝，多治麻絲，葛緒綑布縿，此其分事也。」（非樂上）

故墨子以爲開源之道，在天下之庶民與官吏、百工與匠人，各司其事，各盡其責，努力生產，如此群業之職不廢，國之財用充足也。

肆　紀律論

墨子與孔子在春秋戰國時皆爲顯學，其爲顯學者，以其徒屬之衆也。孔子之徒，號稱三千。墨子之徒，雖不若孔子之衆，然在先秦諸子中，除孔子外，恐皆不及也。呂氏春秋有度篇曰：「孔墨之弟子徒屬滿天下。」淮南子謂「墨子服務者百八十人。」韓非子謂「仲尼爲服務者七十人。」七十人即指七十子。則爲墨服務者百八十人，當亦爲其弟子。公輸篇記墨子對楚王謂「臣之弟子禽滑釐等三百人。」此足證墨子弟子之多。孫詒讓墨學傳授考輯本書及先秦諸子所記，得墨子弟子十五人（附存三人）再傳弟子三人，三傳弟子一人，治墨學而不詳傳授系次者十三人，雜家四人。墨子之徒衆雖多，非僅若孔子傳道授業，而注重在有嚴密之組織，森嚴之紀律，俠義之行爲。其首領曰鉅子。莊子天下篇皆云：「墨子以鉅子爲聖人，皆願爲之尸，冀得爲其後世。」由此可見墨家組織之概略。玆擧其徒衆之故事，以見其爲學之大經也。

一、法嚴

「墨者鉅子有腹䵍，其子殺人。秦惠王曰：先生之年長矣，非有他子也。寡人已令吏弗誅矣。先生之以此聽寡人也。腹䵍對曰：墨者之法曰：殺人者死，傷人者刑，此所以禁殺傷人也。夫禁殺傷人者，天下之大義也。王雖爲之賜而令吏弗誅，腹䵍不可不行墨者之法。」（呂氏春秋去私篇）

二、服從

「子墨子使勝綽事項子牛，項子牛三侵魯地，而勝綽三從。子墨子聞之，請而退之曰：我使綽也，將以濟驕而正嬖也，今綽也祿厚而譎夫子，夫子三侵魯而綽三從，是鼓鞭於馬靳也。翟聞之：言義而弗行，是犯明也。綽非弗之知也，祿勝義也。」（魯問篇）

三、重義

「墨者鉅子孟勝善荆之陽城君，欲死其難。其弟子徐弱諫孟勝曰：死而有益陽城君，死之可矣，無益也，而絕墨者於世，不可。孟勝曰：不然，吾於陽城君，非師則友也。非友則臣也，不死，自今以來，求嚴師者必不於墨者矣，求賢友者必不於墨者矣，求良臣必不於墨者矣，死之所以行墨者之義，而繼其業者也。我將屬鉅子於宋之田襄子……孟勝死，弟子死者百八十三人。」（呂氏春秋尙德篇）

四、善技

「子墨子南遊使衞，關中載書甚多，弦唐子見而怪之曰：吾夫子敎公尙過，揣曲直而已。今夫子載書甚多，何有也？子墨子曰：昔者周公朝讀百篇，夕見漆十士，故周公佐相天子，其脩至於今。翟上無君上之事，下無耕農之難，吾安敢廢此。」（貴義）

五、好學

「公輸子削竹木以爲鵲，成而飛之，三日不下，公輸子自以爲至巧。子墨子謂公輸子曰：子之爲鵲也，不如匠之爲車轄，須臾劉三寸之木，而任五十石之重，故所爲功利於人謂巧之，不利於人謂之拙。」（魯問）

墨子，乃熱情之社會改革者。其學說思想，重視經驗與實效，雖缺乏諸子之深度，然其兼愛之號召、非攻之理論，非命之態度，節用之操守，以及其實踐力行，磨頂放踵，利天下爲之之精神，在人慾橫流，爭奪是尙，奢靡自享，紛擾不安當時社會環境中，不失爲救世之警鐘。故其學說之出，天下風從，號稱顯學，與儒者相抗，亦以深中時弊使之然也。然其說不能深契中國之傳統倫理社會，兼愛之說，遭孟子斥之爲無父，其行刻苦自勵，有違人情，墨子獨能行，而奈衆人何？故其學雖稱顯於一時，而卒中斷者，蓋以此也。然諸子之學，皆爲救世而發，救世之途多端，仁智之見，固不必同。墨子之說，與諸子之學，論治世之說，雖分道揚鑣，然其福國救世利天下之心，與諸子之學，固殊途同歸也。若墨子者，在先秦諸子中，乃特立獨行之士也。

第七章　管子學述

管仲乃春秋時代之大政治家，亦學術思想界鉅子，我國先哲，具有政績而兼有著作傳世者，在先秦子家中，管子實屬鮮見。其能將其政治理想，及身而試，見諸實行，使積弱之齊國，振衰起敝，國富兵强，九合諸侯，一匡天下，而達「尊王攘夷」之目的，故其不僅是政治思想家，且是政治實行家。在中國歷史上，其可與先賢伊尹，傅說媲美，後與諸葛武侯、王荊公等名臣賢相齊名，非虛誣也。有關其本身事蹟，據史記管晏列傳及齊太公世家，約述之如后：

管子，名夷吾，字仲，潁上人。生年不可考，約在周平王桓王之間。幼時家貧，與鮑叔牙友善。鮑叔知其賢，善遇之。管仲嘗曰：「吾始困時，嘗與鮑叔賈，分財利，多自與，鮑叔不以我爲貪，知我貧也。吾嘗與鮑叔謀事而更窮困，鮑叔不以我爲愚，知時有利不利也。吾嘗三仕三見逐於君，鮑叔不以我爲不肖，知我不遇時也。吾嘗三戰三走，鮑叔不以我爲怯，知我有老母也。公子糾敗，召忽死之，吾幽囚受辱，鮑叔不以我爲無恥，知我不羞小節，而恐功名不顯於天下也。生我者父母，知我者鮑子也。」（史記管晏列傳）

仲嘗爲齊襄公次弟公子糾傅，公子無知殺襄公，仲與召忽奉公子糾奔魯，旋與公子小白爭位，仲射小白中其帶鉤。及公子糾敗，召忽死之，魯囚仲送之齊，以鮑叔薦，相小白，齊桓公遂委以國政，尊稱仲父。相齊國四十年，起禮義，興教育，明法治，勸農功，興漁鹽之利，舉賢任能，國以富强，外攘夷狄，內安中國，九合諸侯，一匡天下，齊國遵其政，因覇於諸侯。於周襄王七年（齊桓公四十一年）卒。

管子之學，在先秦諸子中，時代最早。所謂九流十家之學，當皆在管子之後。因春秋之時，外有四夷之內侵，內有諸侯之擾攘，豪强侵奪，迄無寧日，而王室不振，綱紀廢弛，政治社會逐呈現混亂之現象，此先秦諸子之學所由興，而管子則其首者也。論其啟廸之功，固已足多；論其華路藍縷，無所憑依，以視後之諸子，誠亦難能可貴。其書漢劉向典校中秘書，凡中計書五百六十四篇，校除復重四百八十四篇，定著八十六篇。至宋以後，亡其十篇，餘七十六篇，分爲二十四卷。又封禪篇亦亡，尹知章註管子書，取史記封禪書所載言以補之，卽今管子書也。其書漢志列道家，隋志列法家。論其卷帙，管子於先秦諸子中可稱巨著。明宋濂諸子辨以周秦諸子，往往分內外篇，管子八十六篇，獨無所分，遂區分牧民至幼官圖九篇爲經言，五輔至兵法八篇爲外言，大匡至戒九篇爲內言，地圖至九變十八篇爲短語，任法至內業五篇爲區言，封禪至問覇十三篇爲雜篇，牧民解至明法解爲管子解。臣乘馬至輕重庚十九篇爲管子輕重。今本管子書，學者有疑爲全係後人僞託，非出其手。惟細察其書，無論就思想文字言，可斷非出一人之手，亦非一時之作，乃由後人綴輯附益而成。然管子之書，雖非出夷吾之手著，而其事則出於仲之身，其義或出自仲之口，良以敬仲死後，齊國遵其政者百餘年，而其身爲政壇之顯赫人物，執齊政四十年，其良法載於典章，其遺徽餘緒嘉言懿行流傳於民間者，必所不鮮。後人綴輯以成今書，當爲事實，然其義則不可全非而疑之也。玆析其學之大端如后：

壹　政治論

管子乃大政治家，故其學以政治爲主體，廣義之政治學，包括政治、法律、經濟、軍事、敎育、外交等項，在昔政簡，爲政有此數端，其大要已備。然在管子書中，其論敎育，注重在以禮義廉恥之道敎民，非重在育徒授業之道。其論外交，亦零縑之言。蓋管子之學，以治國富強爲要道，故本篇所擧，僅擇能代表管子之眞精神者論之。而管子之政治學說，以尊君順民爲其治政大本，以君臣之道爲其處君盡臣之道，以嚴密制度爲其政治組織，以愛民、富民、敎民爲其爲政要道，玆分述之如后：

一、尊君順民

㈠尊君

管子首從國家政治起源之體認，說明君主之必要與當尊，以爲倡言尊君理論之依據，按初期之社會，紊亂不堪，人民不得其所，民心思治，有出於衆之智者出，爲民興利除害，禁強虐，正民德，此智者即後世之君長。殆應人民之需要而產生。而此君長之所以爲君長，亦正因其善於分民之事，爲民興利除害，而使民各得其分，各得其所而生也。

1.立君

古者未有君臣上下之別，未有夫婦妃匹之合，獸處群居，以力相征，於是智者詐愚，强者凌弱，老幼孤獨不得其所，故智者假衆力以禁强虐，而暴人止。爲民興利除害，正民之德，而民師之。是故道術道行，出於賢人，其從義理，兆行於民心，則民反道矣。名物處違，是非之分，則賞罰行矣。上下設，民生體，而國都立矣。」（君臣下）

「故國君之產生，乃受萬民之擁戴而產生。形勢解云：「主者，人之所仰而生也。」既爲人之所仰戴而生，則民期之爲何？使之興天下之利，除天下之害。故治國篇云：「先王者，善爲民興利除害，故天下之民歸之。」然國君何以爲民興利除害，則在使民各安其所，各遂其生。其道爲何？則必在處事以公正之道。故乘馬篇曰：「聖人之所以爲聖人者，善分民也。」所謂善分民者，謂其能禁强虐之相殺也，多寡之不均也。强虐不相殺，多寡能相均，則天下必安，何以能行此道，則必在人民尊之也。

2.尊君

「主尊臣卑，上威下敬，令行人服，理之至也。使天下兩天子，天下不可理也。一國而兩君，一國不可理也，一家而兩父，一家不可理也。夫令不高不行，不尊不聽。」（覇言篇）

「今人君之所尊安者，爲其威立而令行也。其所以能立威行令者，爲其威利之操莫不在君也。若使威利之操不專在君而有所分散，則君日益輕，而威利日衰，侵暴之道也。」（版法解）

「明主之治天下也，威勢獨在於主，而不與臣共；法政獨制於主，而不從臣出。故明法曰：威不兩錯，政不二門。」（明法解）

君長既已產生，其在國家之地位，猶心之體，心爲百骸五官之主，君主亦猶百官萬民之主，秉國之樞衡，故位不可不尊。此乃爲國家安危計，人民福利計也。蓋人失心主，則此人廢；國失君主，則此國廢。故心術上云：「心之在體，君之位也。」君臣下云：「君之在國都也，若心之在身也。」故權勢當由君主所獨守，威利當由君主所專操，此其「威不兩錯，政不二門」尊君之道也。故重令篇曰：「安國在乎尊君。」

㈡順民

管子之政治主張，雖言尊君，然尊君之道，在一其權以爲人民興利除害。故君主之所行，必以民心爲依歸，順民心而行政。若君主之行，不順民心，則失其所以立君之道。故人主行政，必在得民心，民之所好好之，民之所惡惡之。從民之欲，然後政可興也。

1.從欲

「政之所興，在順民心；政之所廢，在逆民心，民惡憂勞，我逸樂之；民惡貧賤，我富貴之；民惡危墜，我存安之；民惡滅絕，我生育之；能佚樂之，則民爲之憂勞；能富貴之，則民爲之貧賤；能存安之，則民爲之危墜；能生育之，則民爲之滅絕。……故從其四欲，則遠者自親，行其四惡，則近者叛之。」（牧民）

「人主之所以令則行禁則止者，必令於民之所好，而禁於民之所惡也。民之情莫不欲生而惡死，莫不欲利而避害，故上令於生利人則令行，禁於殺害人則禁止。令之所以行者，必民樂其政也，而令乃行。」（形勢解）

故爲政之道，一在從民欲，不從民欲之政治，民必不服。雖君主嚴刑峻罰，民必不從。故牧民篇曰：「刑罰不足以畏其意，殺戮不足以服其心，故刑罰繁而意不恐，則令不行矣。」此爲政之要道，然君主何以要從民之欲，蓋民爲邦本，本固則邦寧也。

2 民本

「管子曰：君若將欲霸王擧大事乎？則必從其本事矣。桓公變躬遷席拱手而問曰：敢問何謂其本？管子對曰：齊國百姓，公之本也。」（霸形篇）

「夫霸主之所始也，以人爲本，本理則國固，本亂則國危，故上明則下敬，政平則人安。」（法法篇）

「夫爭天下者必先爭人，明大數者得人，審小計者失人，得天下之衆者王，得其半者霸。」（霸言篇）

人主，天下之有威者也，得民則威立，失民則威廢。蛟龍待得水而後立其神，人主待得民而後成其威。」（形勢解）

故國以民爲本。國君失其民，則失其憑依。國君猶魚也，魚必得水而生；國君猶舟也，舟必得水而浮。國君失其民，猶魚之失水而不能生，舟之失水而不能浮。故曰「水能載舟，亦能覆舟。」而民猶水，爲國君者豈可失民之本乎。

二、君臣之道

㈠論君道

「昔者有道之君，敬其山川宗廟社稷，及至先故之大臣，收聚以忠而大富之。固其武臣，宣用其力。聖人在前，貞廉在側，競稱於義，上下皆飾，刑政明察，四時不貸，民亦不憂，五穀蕃殖，外內均和，諸侯臣伏，國家安寧，不用兵革，受其幣帛，以懷其德，昭受其令，以爲法式，此亦可謂昔者有道之君也。」（四稱篇）

「昔者無道之君，大其宮室，高其台榭，良臣不使，讒賊是舍，有家不治，借人爲圖。政令不善，墨墨若夜，辟若野獸，無所朝處，不修天道，不鑒四方。有家不治，辟若生狂，衆所怨詛，希不滅亡。進其俳優，繁其鐘鼓，流于博塞，戲其工瞽，誅其良臣，敖其婦女，獠獵畢弋，暴遇諸父，馳騁無度，戲樂笑語，式政既輮，刑罰則烈，內削其民，以爲攻伐，辟猶漏釜，豈能無竭。此亦可謂昔者無道之君矣。」（四稱篇）

管子之論君道，全書中所見多有，莫若四稱篇之言簡意賅。蓋爲君之道，必能理天下，治萬民，和群臣，睦諸侯也。故有道之君，能以國家社稷爲重，敬愛故舊之謀臣，厚之以祿，信任其武臣，爲國效力。使賢者在位，能者在職，君臣上下以義相磨，團結一心。內則修其刑政，不違農時，使政修而民富。外則懷諸侯以德，不以威服人，不以兵伐國，使天下諸侯臣伏，此可謂有道之君也。無道之君則不然，不以國家社稷爲重，而肆其私慾，耽於遊宴逸樂，賢者不能任，良臣不能使，所任者俳優嬖倖之輩，所事者鐘鼓聲色之樂，內政不修，不畏天道，不鑒萬民，使民之生活，暗無天日。外則逞其私慾，以攻伐爲賢，以侵奪是上，內以肆其暴，外以逞其虐，必至民貧國亡而不厭，故謂之無道之君也。

㈡論臣道

「昔者，有道之臣，委質爲臣，不賓事左右，君知則仕，不知則已。若有事，必圖國家。徧其發揮，循其祖德，辨其順逆，推育賢人，讒慝不作。事君有義，使下有禮，貴賤相親，若兄若弟，忠於國家，上下得體。居處則思義，語言則謀謨，動作則事，居國則富，處軍則克，臨難據事，雖死不悔。近君爲拂，遠君爲輔，義以與交，廉以與處，臨官則治，酒食則慈，不謗其君，不毀其辭，君若有過，進諫不疑；君若有憂，則臣服之，此亦可謂昔者有道之臣矣。」（四稱篇）

「昔者，無道之臣，委質爲臣，賓事左右，執說以進，不蘄無已，遂進不退。假寵鬻貴，尊其貨賄，卑其爵位，進曰輔之，退曰不可，以敗其君，皆曰非我。不仁群處，以攻賢者，見賢若貨，見賤若過，貪於貨賄，競於酒食，不與善人，唯其所事，倨傲不共，不友善士，讒賊與通，不彌人爭，唯趣人訟。湛湎於酒，行義不從，不修先故，變易國常，擅創爲令，迷惑其君，生奪之政，保貴寵矜，遷損善士，捕援貨人。入則乘等，出則黨駢，貨賄相入，酒肉相親，俱亂其君，君若有過，各奉其身，此亦可謂昔者無道之臣乎。」（四稱篇）

管子論臣道，非僅事君治職爲義也。在能修己身，忠國事，薦賢臣，和群僚也。故有道之臣，對上不詔，對下不驕，不忮求以進，忠於國事，必盡己之長，推育賢人，不競讒塞能路。事君則以義，使下則以禮，和睦群僚，使如兄弟之相處，動作謀猷，則以國事爲先。居國則以福民爲己任，臨難則以身殉以昭節，在君側則以拂君過，出外則以藩君國。修己則以義，處身則以廉，自奉則儉，分人則惠，不謗君過，而能分君之憂也。無道之臣則不然，對上則詔，對下則驕，忮求以進，不得無已。且恃君之寵，賣官鬻爵，唯利是圖。面其君則唯唯是諾，背其君則嚚嚚是謗。結群小以阻賢路，惡善士競於酒食，內則凌勢群僚，外則結黨營私，挑撥是非，迷亂朝政。遇國之危，則潔身以自好，逢君之憂，則諉責以辭避，此亦無道之臣也。

三、政治組織

㈠中央官制

「管仲相三月，請論百官，公曰：諾。管仲曰：升降揖讓，進退閑息，辨辭之剛柔，臣不如隰朋，請立爲大行。墾草入邑，辟土聚粟多衆，盡地之利，臣不如甯戚，請立爲大司田。平原廣牧，車不結轍，士不旋踵，鼓之而三軍之士，視死如歸，臣不如王子城父，請立爲大司馬。決獄折中，不殺不辜，不誣無罪，臣不如賓胥無，請立爲大司理。犯君顏色，進諫必忠，不辟死亡，不橈富貴，臣不如東郭牙，請立爲大諫之官。此五子者，夷吾一不如，然而以易夷吾，夷吾不爲也。君若欲治國彊兵，則五子者存矣。若欲霸王，夷吾在此。」（小匡篇）

據此，則推齊國中樞組織，可以約如下表：

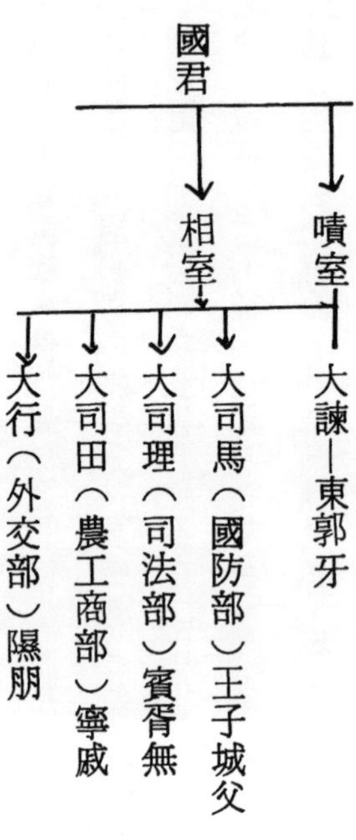

㈡地方官制

「分國以爲五鄉，鄉爲之師。分鄉以爲五州，州爲之長。分州以爲十里，里爲之尉。分里以爲十游，游爲之宗。十家爲什，五家爲伍，什伍皆有長焉。」（立政篇）

然小匡篇之記載，却與此微有出入。

「管子曰：昔者聖王之治民也，參其國而伍其鄙。定民之居，成民之事，以爲民紀。……桓公曰：參國奈何？管子對曰：制國以爲二十一鄉，商工之鄉六，士農之鄉十五。公帥十一鄉，高子帥五鄉，國子帥五鄉。參國故爲三軍，公立三官之臣。市立三鄉，工立三族，澤立三虞，山立三衡。制五家爲軌，軌有長。十軌爲里，里有司。四里爲連，連有長。十連爲鄉，鄉有良人。五鄉一帥。桓公曰：伍鄙奈何？管子對曰：制五家爲軌，軌有長。六軌爲邑，邑有司。十邑爲率，率有長。十率爲鄉，鄉有良人。三鄉爲屬，屬有帥。五屬一大夫，武政聽屬，文政聽鄉。各保而聽，毋有淫佚者。」（小匡篇）

茲依小匡篇表其地方組織如后：

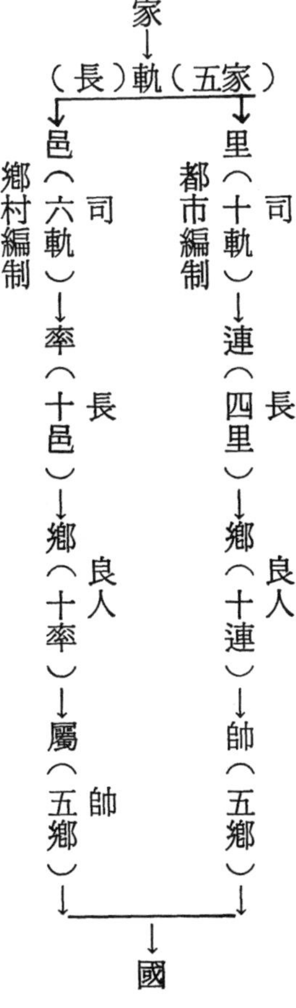

四、爲政之道

管子論爲政之道，不外富民、敎民、愛民，玆析之如后：

㈠富民

「凡治國之道，必先富民，民富則易治也，民貧則難治也。奚以知其然也？民富則安鄉重家，安鄉重家，則敬上畏罪；敬上畏罪，則易治也。民貧則危鄉輕家，危鄉輕家，則敢凌上犯禁，凌上犯禁，則難治也。故治國常富，而亂國常貧。是以善爲國者，必先富民，然後治也。」（治國篇）

㈡敎民

「守國之度，在飾四維……四維不張，國乃滅亡。國有四維，一維絕則傾，二維絕則危，三維絕則覆，四維絕則滅。傾可正也，危可安也，覆可起也，滅不可錯也。何謂四維？一曰禮，二曰義，三曰廉，四曰恥。禮不踰節，義不自進，廉不蔽惡，恥不從枉。故不踰節，則上位安，不自進，則民無巧詐，不蔽惡，則行自全，不從枉，則邪事不生。」（牧民篇）

㈢愛民

「入國四旬，五行九惠之敎。一曰老老，二曰慈幼，三曰恤孤，四曰養疾，五曰合獨，六曰問疾，七曰通窮，八曰振困，九曰接絕。」

故管子言爲政，首曰富民，民富然後易治，故牧民篇曰：「凡有地牧民者，務在四時，守在倉廩，國多財，則遠者來，地辟舉，則民留處。倉廩實則知禮節，衣食足則知榮辱。」若民不富，救死惟恐不贍，奚暇治禮義哉。民既富矣，若不教之，則民逸居無教，近於禽獸。故牧民篇曰：「守國之度，在飾四維。」又曰：「四維不張，國乃滅亡。」故以禮義正秩序，以廉恥防淫僞，然後化民以成俗。惟富民教民之道，皆以愛民爲本，故行九惠之教，九惠之政，乃在使民之鰥寡孤獨廢疾者皆得其養也。民富則國安，民教則國治，愛民則民得其養，能如斯，則民之歸之，若水之就下也。

貳　法治論

管子主張法治，乃由於圖成覇業之需要，因爲治理國家，必須建立制度，而建立制度手段，必須任法。蓋春秋之際，貴族政治漸趨崩潰，封建宗法制度瀕於解體，平民階層方起，天下紛爭擾攘之時，禮教不足以一民，爲强化政治組織與功能，其需要任法之程度，自較平時更爲殷切。故其注重信賞必罰，以法治國，此管子所以開法家之先聲也。

一、法之意義

㈠自廣義言之

「所謂仁義禮樂，皆出於法，此先聖之所以一民者也。」（任法篇）

「尺寸也，繩墨也，規矩也，衡石也，斗斛也，角量也，謂之法。」（七法篇）

「法者，天下之程式也，萬事之儀表也。」（明法解）

故管子釋法之界說，自廣義言之，實包含一切道德及政治制度與社會之規範。此以法者，不外人情之禮俗，社會之公準，亦卽社會通行之規範。故正第四十三篇卽云：「當故不改曰法。」故者，卽社會通行之規範也。

㈡自狹義言之

「夫法者，所以興功懼暴也。律者，所以定分止爭也。令者，所以令人知事也。」（七臣七主）

「判斷五刑，各當其名，善人不驚，曰刑。」（正篇）

「簡物小未一道，殺僇禁誅謂之法。」（心術上）

管子言狹義之法，析而爲法、律、令三者。適用於一切社會規範者，謂之法。其積極作用在興功懼暴。將此普遍之社會規範，制爲法典，使民確知其權利與義務之所在，稱之謂律。具體而個別依法所作成之行政行爲，課人民以作爲不作爲之義務者，謂之令。至於刑，在古昔殆與法同一意義，故曰：「殺僇禁誅謂之法。」

二、法之重要

㈠就公準言

「法者，天下之儀也，所以決疑而明是非也，百姓所以懸命也。」（禁藏篇）

「以法治國，則舉錯而已。……是故有法度之制者，不可巧以詐僞……有權衡之稱者，不可欺以輕重……有尋丈之數者，不可差以長短。」（明法篇）

「規矩者，方圓之正也，雖有巧目利手，不如拙規矩之正方圓也。故巧者能生規矩，不能廢規矩而正方圓。雖聖人能生法，不能舍法而治國。」（法法篇）

故法律者，乃治國之準繩，國家欲齊萬民，一臣下，非有其公準不可。若無其公準，則何者爲是，何者爲非，不能有所決斷。惟有懸法以治，民之行爲方有所遵循。民皆依法而行，社會之秩序，人民之安寧，才能維持。故法法篇曰：「法者，民之父母。」又七法篇曰：「不明於法，而欲治民一衆，猶左書而右息之也。」

㈡就功效言

「法制不議，則民不相私，刑殺毋赦，則民不偸於爲善，爵祿毋假，則民不亂其上。三者藏於官則爲法，施於國則成俗，其餘不彊而治矣。」（法禁篇）

「夫法之制民也，猶陶之於埴，冶之於金也。故審利害之所在，民之去就，如火之於燥濕，水

之於高下。」（禁藏篇）

「凡人主莫不欲其民之用也，使民用者，必法立而令行也。故治國使衆莫如法，禁淫止暴莫如刑。」（明法解）

「故明主之治也，當於法者賞之，違於法者誅之。故以法誅罪，則民就死而不怨；以法賞功，則民受賞而無德，此以法舉錯之功也。」（明法解）

故法之功效，在以賞罰之手段，使民行善去惡。如爲善者不得賞，爲惡者不得罰。善惡不分，則天下亂矣。故法之功效，在以賞罰禁淫止暴。人有求善避罰之心，故必法立令行，然後才可治國使衆。故任法篇曰：「法者，天下之治道，聖君之實用也。」

三、法之條件

㈠妥當性—法律妥當性，卽法之制定，當合衆心，所謂徒法不能以自行，法律不外人情者也。

「根天地之氣，寒暑之和，水土之性，人民鳥獸草木之生，物雖不盛多，皆有均焉，而未嘗變也，謂之則……不明於則而欲出號令，猶之朝夕於運均之上，檐竿而欲定其末。」（七法篇）

「明主度量人力之所能爲而後使焉，故令於人之所能爲則令行，使於人之所能爲則事成，死主不量人力，令於人之所不能爲，故其令廢。令於人之所不能爲，故其事敗。」（形勢解）

「法立而民樂之，令出而民銜之，法令之合民心，如符節之相得也，則主尊顯。」（形勢解）

「人主之所以令則行禁則止者，必令於民之所好，而禁於民之所惡也。」（形勢解）

㈡平等性——法律之平等性，卽法不應阿權貴，不應徇私情，法律之前，人人平等也。

「凡令之行也，必待近者之勝也，而令乃行。故令不行於親貴，罰不行於便嬖，法律不誅於嚴重而害於疏遠，慶賞不施於卑賤，二三，而求令之必行，不可得也。」（重令篇）

「有生法，有守法，有法於法。夫生法者君也，守法者臣也，法於法者民也。君臣貴賤上下皆從法，此之謂之大治。」（任法篇）

㈢强制性——凡治國者，必使法立必行，令出必遵，否則有法治之名，而無法治之實，法令雖衆，亦必視同具文。故法律必須有其强制性。

「虧令者死，益令者死，不行令則死，留令者死，不從令者死，五者死而無赦，惟令是視。」（重令篇）

「君有三欲於民，三欲不節，則上位危。三欲者何也？一曰求，二曰禁，三曰令。求必欲得，禁必欲止，令必欲行。……求而不得，則威日損，禁而不止，則刑罰侮，令而不行，則下凌上。」（法法篇）

「令已布，而賞不從，則是使民不勸勉；……令已布，而罰不及，則是使民不聽。……號令必著明，賞罰必信密，此正民之經也。」（法法篇）

「下令於流水之原，使民於不爭之官，明必死之路，開必得之門。」（牧民篇）

㈣確定性—法律要有永恒性，不可朝令夕改，令民無所適從。

「黃帝之治也，置法而不變，使民安其法者也……故明主所恒者二，一曰明法而固守之，二曰禁民私而收使之，此二者主之所恒也。夫法者，上之所以一民使下也，私者，下之所以侵法亂主也。故聖君置儀設法而固守之，然故諶杵習士聞識博學之人，不可亂也；豪强富貴私勇者不能侵也；信近親愛者不能離也；珍奇怪物不能惑也。萬物百事，非在法之中，不能動也。」（任法篇）

「號令已出又易之；禮義已行又止之，度量已行又遷之，刑法已錯又移之，如是則慶賞雖重，民不勸也；殺戮雖繁，民不畏也。故曰：上無固植，下有疑心。國無常經，民力必竭，數也。」（法法篇）

㈤變易性—法律需要固定，然亦須適應社會現狀，如社會環境變遷，法律之內容亦須隨之而改定。始能適應社會之需要，促進社會進步。否則一成不變，必扞格不通。此法與時轉則治，治與世宜則有功也。

「古之所謂明君者，非一君也，其設賞有薄有厚，其立禁有輕有重，迹行不必同，非故相反也，皆隨時而變，因俗而動。」（正世篇）

「聖人者，明於治亂之道，習於人事之終始者也。其治人民也，期於利民而止。故其位齊也。不慕古，不留今，與時變，與俗化。」（正世篇）

「古之欲正世調天下者，必先觀國政、料事務、察民俗，本治亂之所生，知得失之所在，然後從事，故法可立，而治可行……今使人君行逆，不修道，誅殺不以理……則失在其上，失在其上而上不變，則萬民無所託其命。」（正世篇）

四、行法之要

法律既經制定，然法律之推行，必須愼求其方術。一曰事前之準備。二曰上行則下效，三曰信之以賞罰，四曰行之以大公。

㈠事前準備

「正月之朔，百吏在朝，君乃出令布憲於國。五鄉之師，五屬大夫，皆受憲于太史。大朝之日，五鄉之師，五屬大夫，皆身習憲于君前。太史既布憲，入籍于大府，憲籍分于君前，五鄉之師出朝，遂于鄉官，致于鄉屬，及于游宗，皆受憲，憲既布，乃反致令焉。」（立政篇）

「憲既布，使者已發，然後敢就舍。憲未布，使者未發，不敢就舍，就舍謂之留令，罪死不赦。憲既布，有不行憲，謂之不從令，罪死不赦。考憲，而有不合于大府之籍者，侈曰專制，不足曰虧令，罪死不赦。首憲既布，然後可以布憲。」（立政篇）

國家之憲法，在公佈之前，君主必當愼重行之。故於大朝之日，先召集百官講習之，使各級深明憲法之大旨。若上級不明，何以釋民衆對法之疑。然後及于鄉屬，皆明憲之本義。而各級對憲之條文，不可增損，必考之于太府之籍。所謂首憲，當指憲法之草案，草案布後，民無異義，然後公佈正式之憲法，此行憲之至愼者也。故權修篇曰：「凡牧民者，欲民之可御也，則法不可不審也。」

㈡上行下效

「明智禮足以教之，上身服以先之，審度量以閑之，鄉置師之說道之，然後申之以憲令，勸之以慶賞，振之以刑罰，使百姓皆樂爲善，則暴亂之行無由至矣。」（權修篇）

「是故明君知民之以上爲心也。故置法以自治，立儀以自正也。故上不行，則民不從，彼民不服法死制，則國必亂矣。是以有道之君，行法修制，先民服也。」（法法篇）

此言行法之前，必先宣導民衆，使之深知法之大意。若民不明法而使其身陷於刑，則是不教而殺謂之虐。民知法之後，則知避禍求福，樂於爲善。然在行法之前，尤在君主能以身先倡行，然後上行下效也。故牧民篇曰：「御民之轡，在上之所貴；道民之門，在上之所先。召民之路，在上之所好惡。」

㈢信以賞罰

「明主之治也，縣爵祿以勸其民，民有利於上，故主有以使之。立刑罰以威其下，下有畏於上，故主有以牧之。故無爵祿則主無以勸民，無刑罰則主無以威衆。故人臣之行理奉命者，非以愛主也，且就利而避害也。百官之奉法無姦者，非以愛主也，且以就利而避害也。」（明法解）

「見其可也，喜之有徵；見其不可也，惡之有刑；賞罰信於所見，雖其所不見，其敢爲之乎？見其可也，喜之無徵；見其不可也，惡之無刑，賞罰不信於其所見，而求其所不見爲之化，不可得也。」（權修篇）

行法之術，雖有多端，必賴賞罰作爲推動之力量。以爲勸禁。蓋法之不同於道德之規範，厥爲其富於强制性，强制人民服從，非僅憑人民之自覺與自律也，而强制必藉賞罰，乃因人好利而惡害，趨利而避害。君賞以勸，罰以禁，則民競趨奉法守令矣。

㈣行之以公

「賢君任法而不任智，任數而不任說，任公而不任私，任大道而不任小物，然後身佚而天下治。失君則不然，舍法而任智，故民舍事而好譽；舍數而任說，故民舍實而好言；舍公而任私，故民離法而妄行。舍大道而任小物，故上勞煩，百姓迷惑，而國家不治。」（任法篇）

「不知親疏遠近，貴賤美惡，以度量斷之，其殺戮人者，不怨也。其賞賜人者，不德也；以法制行之，如天地之無私也。是以官無私論，士無私議，民無私說，皆虛其匈，以聽於上，上以公正論，以法制斷，故任天下而不重也。」（任法篇）

此言人主行法，必行之以公，唯有公正行法，才可服衆，故君臣下云：「爲人君者，倍道棄法而好行私，謂之亂。」君臣上亦云：「爲人上者，釋法而行私，則爲人臣者，援私以爲公。」皆言人主行法，必以公正。蓋上有私聽，則其聞不公，有私視，則有不見，有私心，則有所蔽。有私慮，則有不知。私蔽於上，群黨於下，則私說日益，公法日損，國之不治，從此生也。

叁　財經論

管子之書，什九皆富强之論。蓋管子之志，卽在求齊國之富强。富國之道，在財，强國之道，在兵。故其財經主張，在發展國民經濟，充實國家財源。以達富民之目的。在發展國民經濟方面，如鼓勵農工商業之發展，在財政方面，則實施鹽之專賣，礦產之國有。故其在形勢解篇論富强之道曰：

「主之所以爲功者，富强也，故國富兵强，則諸侯服其政，鄰敵畏其威，雖不用寶幣事諸侯，諸侯不敢犯也。主之所以爲罪者，貧弱也，故國貧兵弱，戰則不勝，守則不固，雖出名器重寶以事鄰敵，不免於死亡之患。」（形勢解）

故管子以治國之道在富强，所謂「倉廩實而知禮節，衣食足而知榮辱。」故民必先富，然後才可教。民可教，則易治，易治則民爲用，民爲用則國强，鄰敵不敢輕侮。玆將其財經政策，分述如后：

一、農業政策

國以民爲本，民以食爲天，在昔工商業尙未發達之社會中，農業政策，實爲富國之支柱。故輕重甲篇卽云：「一農不耕，民或爲之饑；一女不織，民或爲之寒。」故重農之道，實爲富國之首要。而重農之道，一曰務農時，二曰專設官，三曰勤農功，四曰禁文巧。

㈠務農時

「當春三月，萩室熯造，鑽燧易火，杼井易水，所以去茲毒也。舉春祭，塞久禱，以魚爲牲，以蘖爲酒，相召，所以屬親戚也。毋殺畜生，毋拊卵，毋伐木，毋夭英，毋拊竿，所以息百長也。……夏賞五德，滿爵祿，遷官位，禮孝弟，復賢力，所以勸功也。秋行五刑，誅大罪，所以禁淫邪，止盜賊。冬收五藏，最萬物，所以內作民也。四時事備，而民功百倍矣。故春仁，夏忠，秋急，冬閉，順天之時，約地之宜，忠人之和，故風雨時，五穀實，草木美多，六畜蕃息。」（禁藏篇）

此言人主行政，當順天時以施政。以春生，夏長，秋收，冬藏之道。所謂不違農時，則穀不可勝食也。臣乘馬篇曰：「彼王者不奪民時，故五穀興豐。」小匡篇曰：「無奪民時，則百姓富。」牧民篇曰：「不務天時，則財不生。」皆言務農時之要也。

㈡設專官

「修火憲，敬山澤林藪積草，夫財之所出，以時禁發焉，使民於宮室之用，薪蒸之所積，虞師之事也。決水潦，通溝瀆，修障防，安水藏，使時水雖過度，無害於五穀，歲雖凶旱，有所秎獲，司空之事也。相高下，視肥墝，觀地宜，明詔期前後，農夫以時均修焉，使五穀桑麻，各安其處，由田之事也。行鄉里，視宮室，觀樹藝，簡六畜，以時鈞修焉，勸勉百姓，使力作毋

偸，懷樂家室，重去鄉里，鄉師之事也。」（立政篇）

務農之道，在設專官，以司其職。故設專官負責農業建設。置虞師管理林業，司空興修水利，由田辦理水土保持與指導耕作，鄉師專司監督與輔導。職既各有專掌，則農作之事興焉。

㈢勸農功

「行其田野，視其耕耘，而飢飽之國可知也。其耕之不深，芸之不謹，地宜不任，草田多穢。耕者不必肥，荒者不必墝，以人猥計其野，草田多而辟田少者，雖不水旱，飢國之野也。……有地君國，而不務耕耘，寄生之君也。……行其山澤，觀其桑麻，計其六畜之產，而貧富之國可知也。夫山澤廣大，則草木易多也。壤地肥饒，則桑麻易殖也。薦草多衍，則六畜易繁也。山澤雖廣，草木毋禁；壤地雖肥，桑麻毋數，薦草雖多，六畜有征，閉貨之門也。故曰時貨不遂，金玉雖多，貧國也。」（八觀篇）

此管子以務農之道，必勸民力事耕作，墾其荒野，蓄其六畜，此地盡其利之道也。故權修篇云：「地博而國貧者，野不辟也。」故爲人主之道，必盡勸農之功，使地無遺利，野無荒土，興其利而除其害，此務農之本也。

㈣禁文巧

「凡爲國之急者，必先禁末作文巧，末作文巧禁，則民無所遊食，民無所遊食，則必農，民事農，則田墾，田墾則粟多，粟多則國富，國富者兵强，兵强者戰勝，戰勝者地廣。」（治國篇）

「今工以巧矣，而民不足以備用者，其悅在玩巧。農以勞矣，而天下飢者，其悅在珍怪方丈陳於前。女以巧矣，而天下寒者，其悅在文繡，是故博帶梨，大袂列，文繡染，刻鏤削，彫琢采。」（五輔篇）

務農之道，則使民歸於農，在使民歸於樸，務農之民衆，則國富，遊食之民衆，則盜賊生。此禁遊食之道也。末作文巧者，侈奢浪費也，民務奢侈浪費，則流於侈靡，荒棄農作，皆害農之事。故賢主禁之。

二、商業政策

法家諸子，咸主富國，富國之道，重農爲其要圖。管子爲之倡言，商鞅尤詳其義。其所異者，商鞅一民於農，故不惜重農以抑商。管子則不然，雖其重視農業，然不賤視商業。蓋農事生產，商通有無，二者不可一無也。故問篇云：

「市者，天地之財具也，而萬人之所和而利也……關者，諸侯之陬隧也，而外財之門戶也。」

「善正商任者省有肆，省有肆則市朝閒，市朝閒則田野充，田野充則民財足，民財足則君賦斂不窮。」（揆度篇）

故商之爲道，在通有無，運有餘，濟不足，於國計民生有大利焉。不僅此也。商業鼎盛，則國之賦稅增加，對於富國之道，其利甚大，故曰外財之門戶。故其商業政策，其要者一曰暢流通，二曰輕關稅，以來天下之財。

㈠暢流通

「今夫商，群萃而州處，觀凶飢，審國度，察其四時，而監其鄉之貨，以知其市之價，負任擔荷，服牛輅馬，以周四方，料多少，計貴賤，以其所有，易其所無，買賤鬻貴，是以羽旄不求而至，竹箭有餘於國。奇怪時來，珍異物聚。」（小匡篇）

「萬物通，則萬物運，萬物運，則萬物賤，萬物賤，則萬物可周矣，知萬物可周而不周者，奪於天下。」（輕重甲）

故重商之道，首在暢其流通，商不暢通，則不能調物之供需，調物之貴賤，而國有貧困凶饑，亦賴商之流通有以濟之。而行商之本，在貨能暢其流也。

㈡輕關稅

「征於關者，勿征於市，征於市者，勿征於關，虛車勿索，徒負勿入，以來遠人。」（問篇）

「請以令爲諸侯之商賈立客舍，一乘者有食，三乘者有芻菽，五乘者有伍養，天下之商旅，歸齊若流水。」（輕重乙）

故便商旅之道，一曰輕其關稅，不重征苛稅，空車者不征，本小者不征。此所謂「關市幾而不征，則天下之商旅，皆願出於王之途矣。」又爲遠道之商旅，設客舍便其居，利其食。則齊之商旅雲集矣。

三、礦產國有

「桓公問於管子曰：吾欲藉於台雉何如？管子對曰：此毀成也。吾欲藉於樹木？管子對曰：此伐生也。吾欲藉於六畜？管子對曰：此殺生也。吾欲藉於人？管子對曰：此隱情也。桓公曰：然則何以爲國？管子對曰：唯官山海耳。」（海王篇）

賦稅政策，雖爲國家之財源。管子雖非無稅主義者，然以賦稅非富國之要計。故桓公欲藉房屋稅、森林稅、牲畜稅、人口稅以充實國家之財源，管子認爲悉非所宜。乃提出官山海之政策以爲歲入之計，蓋管子之意，以爲發展國營事業，乃充實財源之道，其官山海政策，一是山林國有，二是鹽鐵專賣。

㈠山林國有

「山上有赭者其下有鐵，上有鉛者其下有銀，上有丹砂其下有鉒金，上有慈石者其下有銅金，此山之見榮者也。苟山之見榮者，謹封而爲禁，有動封山者，罪死而不赦，有犯令者，左足入，右足斷，右足入，左足斷，然則其與犯之遠矣。」（地數篇）

「宮室器械，非山無所仰，然後君立三等之租於山。曰：握以下爲柴楂，把以上爲室奉，三圍以上爲棺槨之奉。柴楂之租若干，室奉之租若干，棺槨之租若干。」（山國軌）

㈡鹽鐵專賣

「桓公曰：何謂官山海？管子對曰：海王之國，謹正鹽筴。桓公曰：何謂正鹽筴？管子對曰：十口之家，十人食鹽，百口之家，百人食鹽。終月，大男食鹽五升少半，大女食鹽三升少半，吾子食鹽二升少半。此其大曆也。……萬乘之國，人數開口千萬也。禺筴之，商日二百萬，十日二千萬，一月六千萬，萬乘之國，正九百萬也。月入三十錢之籍，爲錢三千萬，今吾非籍之諸君吾子，而有二國之籍者六千萬。使君施令曰：吾將籍於諸君吾子，則必囂號。今夫給之鹽筴，則百倍歸於上，人無以避此數者也。今鐵官之數曰：一女必有一鍼一刀，若其事立，耕者必有一耒一耜一銚。若其事立，行服連軺輂者，必有一斤一鋸一錐一鑿。若其事立，不爾而成事者，天下無有。今鍼之重加一也，三十鍼，一人之籍也，刀之重加六，五六三十斤，五刀，一人之籍也。耜鐵之重加七，三耜鐵，一人之籍也。其餘輕重皆准此而行，然則舉臂勝事，無不服籍者。」（海王篇）

鹽鐵二宗，爲民生之必需品，今悉歸國有，以充實國家之財源。而食鹽尤爲齊國之特產，而齊可以伐菹以爲薪，煮海以爲鹽，對內則採計口授鹽，對外則是採食鹽統制，在國際上造成獨占之價格。故輕重甲篇復云：

「今齊有渠展之鹽，請君伐菹薪，煮水爲鹽，正而積之。桓公曰：諾。十月始正，至於正月，成鹽三萬六千鍾。召管子而問曰：安用此鹽而可？管子對曰：孟春既至，農事且起，大夫無得繕冢墓，理宮室，立臺榭，築牆垣，北海之衆，無得聚庸而煮鹽，若此則鹽必坐長而十倍。桓公曰善，行事奈何？管子對曰：請以令糶之粱趙宋衞濮陽，彼盡饋食之國也，無鹽則腫，守圉之國，用鹽獨甚。」

肆　軍事論

管子論政，志圖富國。富國之道，在財經。强國之道，在實兵。故參患篇云：「君之所以尊卑，國之所以安危者莫要於兵。故誅暴國必以兵，禁辟民必以刑。然則兵者，外以誅暴，內以禁邪。故兵者尊主安國之經也，不可廢也。」玆將其論兵之道析之如后：

一、戰爭準備

「爲兵之數，存乎聚財，而財無敵；存乎論工，而工無敵；存乎制器，而器無敵；存乎選士，而選士無敵；存乎政教，而政教無敵；存乎服習，而服習無敵；存乎徧知天下，而徧知天下無敵；存乎明於機數，而明於機數無敵。故兵未出境，而無敵者八……故聚天下之精財，論百工之銳器，春秋角試以鍊，精銳爲右，成器不課不用，不試不藏，收天下之豪傑，有天下之駿雄，故舉之如飛鳥，動之如雷電，發之如風雨，莫當其前，莫害其後。獨出獨入，莫敢禁圉。成功立事，必順於禮義，故不禮，不勝天下，不義，不勝人。故賢知之君，必立於勝地，故正天下

，而莫之敢禦也。」（七法篇）

「大度之書曰：擧兵之日，而境內不貧，戰而必勝，勝而不死，得地而國不敗，爲此四者若何？擧兵之日，而境內不貧者，計數得也。戰而必勝者，法度審也。勝而不死者，教器備利，而敵不敢校也。得地而國不敗者，因其民也。因其民，則號制有發也。教器備利，則有制也。法度者，則有守也。計數得，則有明也。治衆有數，勝敵有理，審器而識勝，明理而勝敵。」（兵法篇）

此管子論戰爭之準備。一在後勤之準備充裕，工器之裝備精良，士卒之精練，國際情勢之瞭解，政治之修明，戰機之掌握。而且兵以義動，必此數者先算於廟堂之上，而後兵始可出境，然後才能戰必勝，攻必克。此與孫子之始計篇有異曲同工之妙。所謂「知己知彼，百戰百勝」也。

二、軍隊編制

「公欲速得意於天下諸侯，則事有所隱，而政有所寓。公曰：爲之奈何？管子對曰：作內政而寄軍令焉。爲高子之里，爲國子之里，爲公里，三分齊國，以爲三軍。擇其賢民使爲里君，鄉有行伍卒長，則其制令，且以田獵，因以賞罰，則百姓通於軍事矣。桓公曰善。於是管子乃制五家以爲軌，軌爲之長；十軌爲里，里有司；四里爲連，連爲之長；十連爲鄉，鄉有良人，以爲軍令。是故五家爲軌，五人爲伍，軌長率之。十軌爲里，五十人爲小戎，里有司率之。四里爲連，故二百人爲卒，連長率之。十連爲鄉，故二千爲旅，鄉良人率之。五鄉一師，故萬人一軍，五鄉之師率之。三軍，故有中軍之鼓，有高子之鼓，有國子之鼓，春以田曰蒐，振旅；秋以田曰獮，治兵。是故卒伍政定於里，軍旅政定於郊。內教既成，令不得遷徙。故卒伍之人，人與人相保，家與家相愛，少相居，長相遊，祭祀相福，死喪相恤，禍福相憂，居處相樂。行作相和，哭泣相哀。是故夜戰其聲相聞，足以無亂，晝戰以目相見，足以相識，驩欣足以相死，是故以守則固，以戰則勝。君有此教士三萬人以橫行天下，誅無道以定周室，天下大國之君，莫之能圉也。」（小匡篇）

管子「寓兵於政」之政策，是在將平時之民，卽編入戰時之兵，既可節省國家養軍之費，又可收生活與戰鬥條件結合之效。同時亦可避免國際間之軍備競賽。如此一舉數得，而且可收國富兵強之效。

三、軍隊訓練

「三官不繆，五教不亂，九章著明，則危危而無害，窮窮而無難，故能致遠以數，縱強以制。三官，一曰鼓，鼓所以任也，所以起也，所以進也。二曰金，金所以坐也，所以退也，所以免也。三曰旗，旗所以立兵也，所以利兵也，所以偃兵也。此所謂三官，有三令而兵法治也。五教。一曰教其目以形色之旗，二曰教其身以號令之數，三曰教其足以進退之度，四曰教其手以長短之利，五曰教其心以賞罰之誠，五教各習，而士負以勇矣。九章。一曰舉日章則晝行，舉月章則夜行，三曰舉龍章則行水，四曰舉虎章則行林，五曰舉鳥章則行陂。六曰舉蛇章則行澤。七曰舉鵲章則行陸。八曰舉狼章則行山，九曰舉韓章則載食而駕。九章既定，而動靜不過。三官、五教、九章，始乎無端，卒乎無窮。」（兵法篇）

軍隊之能否作戰，在乎平時之訓練。而練兵之要，在乎號令之嚴明，此所謂節制之師。節制之師，勇者不得獨進，懦者不得獨退。而能達此事者，全在平時申嚴號令，使其識別。故有三官、五教、九章之設，訓練其耳目，然後行軍作戰方不致於亂也。

四、攻戰之道

㈠定計畫

「故凡攻伐之爲道也，計必先定於內。然後兵出乎境。計未定於內而兵出乎境，是則戰之自勝，攻之自毀也。」（七法篇）

㈡養戰志

「夫民不必死，則不可與出乎守戰之難；不必信，則不可恃而外知。夫恃不死之民，而求以守戰，恃不信之人，而求以外知，此兵之三闇也。」（小問篇）

「陳士不死制，卒死不輕敵，而求兵之必勝，不可得也。」（重令篇）

㈢明敵情

「故不明于敵人之政，不能加也；不明于敵人之情，不可約也；不明于敵人之將，不先軍也；不明于敵人之士，不先陳也。」（七法篇）

「故善攻者料衆以攻衆，料食以攻食，料備以攻備，以衆攻衆，衆存不攻；以食攻食，食存不攻；以備攻備，備存不攻。」（霸言篇）

㈣識地形

「凡兵主者，必先審知地圖，環轅之險，濫車之水，名山通谷經川，陵陸丘阜之所在，苴草林木蒲葦之所茂，道里之遠近。城郭之大小，名邑廢邑困殖之地，必盡知之，地形之出入相錯者，盡藏之。然後可以行軍襲邑，舉錯知先後，不失地，地圖之常也。」（地圖篇）

㈤攻無備

「徑乎不知，發乎不意，徑乎不知，故莫之能禦也，發乎不意，故莫之能應也。故全勝而無害，因便而收，准利而行。」（兵法篇）

㈥乘時勢

「故明於機數者，用兵之勢也，大者時也，小者計也。……偏知天下，審御機數，則獨行而無敵矣。」（七法篇）

故管子論攻戰之道，對於定計畫、養戰志、明敵情、明地形、乘其勢、攻無備，無不至盡。至其論作戰之兵法亦所在多有，限於篇幅，則不便詳陳矣。故管子實大政治家，而其軍事思想，亦有其不可沒者也。

管子，乃繼周公之後偉大政治家，其一生之事切，在相桓公，覇諸侯，尊王攘夷，一匡天下，故孔子以仁許之。非管子，則被髮左袵之夷，恐早見於春秋之世。而後之論事者，或恥管仲之人，以其相齊政之專，不能致主行堯舜之道，用意雖至善，然未必深契管子之身者。管子乃思想家兼實行家。思想之欲付諸實行者，必當損益古道，參稽世變，蓋不欲懸空爲說，而期世之可行。不然者，若諸家之學，其陳義非不高，而不能一行於諸世者，蓋以此也。故管子之學，審於世變者也；身爲齊相，責於實行者也；故其學能深明實務，以富國强兵，治政理民爲鵠的，以施於齊，故功效大顯，而覇業以成，使周室東遷之後，尙能延一線之垂統者，管仲之功也。至其學含儒道、包兵農，啟法家之先聲，在諸子之先而無所傍依，論其啟廸之功，實亦足多。故昌黎嘗言：「求觀聖人之道者，必至孟子始。」吾人若推而衍之，以爲「求觀三代制作之意者，必自管子始矣。」唐虞夏殷之制作，周公善酌而裁之。周公之制作，管子又變而通之，能明此道，始可論管子之學，史遷稱其學「論卑而易行，善因禍爲福，轉敗爲功。」可謂的論。

第八章　韓非學述

戰國之末，法家學盛，其思想與儒、道、墨分庭抗禮，雖其學淵源甚久，然集其大成者，則韓非之功不可沒。史記老莊申韓列傳云：

「韓非者，韓之諸公子也。喜刑名法術之學，而其歸本於黃老。非爲人口吃，不能道說，而善著書，與李斯俱事荀卿，斯自以爲不如非。非見韓之削弱，數以書諫韓王，韓王不能用，於是韓非疾治國不務修明其法制，執勢以御其臣下，富國彊兵，而以求人任賢，反擧浮淫之蠹，而加之於功實之上。以爲儒者用文亂法，而俠者以武犯禁，寬則寵名譽之人，急則用介胄之士。今者所養非所用，所用非所養。悲廉直不容於邪枉之臣，觀往者得失之變，故作孤憤、五蠹、內外儲、說林、說難十餘萬言。……人或傳其書至秦，秦王見孤憤、五蠹之書曰：嗟呼！寡人得見此人，與之游，死不恨矣。李斯曰：此韓非之所著書也。秦因急攻非，韓王始不用非，及急，迺遣非使秦，秦王悅之，未信用。李斯、姚賈害之，毀之曰：韓非，韓之諸公子也，今王欲幷諸侯，非終爲韓不爲秦，此人之情也。今王不用，久留而歸之，此自遺患也，不如以過法誅之。秦王以爲然，下吏治非。李斯使人遺非藥，使自殺。韓非欲自陳，不得見。秦王後悔之，使人赦之，非已死矣。」

韓非之學，出自荀子。約生於韓釐王十六年左右，卒於韓安王六年。（西曆紀元前二八〇至二三三年）非所著書，初名曰韓子，漢志著錄五十五篇，與今本相符合。宋以後，因學者尊稱韓愈爲韓子，乃易其書名爲韓非子。其書漢志及嗣後各史志，均入法家。其首篇曰初見秦，有勸秦伐韓之語，通鑑因責非欲覆宗國。王應麟以爲是後人誤以范睢書厠其間，胡適以爲是張儀之言。按韓子有存韓篇，故李斯以爲「非終爲韓不爲秦」之讒得入。若初見秦亦爲韓非之言，則與存非之篇自相矛盾，可見今本韓非子有羼入之篇。（上說見蔣伯潛諸子通考及諸子學纂要）卽解老、喻老之篇，後人亦疑爲乃漢儒所述。而有關其著作詳情，近人容肇祖有韓非著作考，將其書中各篇，分作考證，可爲讀韓書者之參考（詳見古史辨第四册）大抵先秦子家古籍，求完全自著而不羼入他人之手者，蓋鮮矣。

壹　人性論

韓非者，荀子之徒，荀主性惡，韓亦主性惡。荀主性惡，主張以禮教去化性爲善。韓主性惡，主張以法治强人爲善。荀子在人性中發現欲，故以禮節制之。韓非在人性中發現自私，故用法賞善罰惡。故荀韓之異，僅在化性方法之別，一是感化性，一是强制性。而韓出荀之後，於性觀雖同，而其法異者，正以矯苟之化性不足爲治也。今觀其論人性之自私曰：

「鱣似蛇，蠶似蠋，人見蛇則驚駭，見蠋則毛起，然而婦人拾蠶，漁人握鱣，利之所在，則忘其所惡，皆爲賁諸。」（內儲說上）

「夫耕之用力也勞，而民爲之者，曰：可得以富也。戰之爲事也危，而民爲之者，曰：可得以富也。」（五蠹篇）

故自私自利，乃人之通性，故利之所在，民爭事之；名之所在，人爭趨之。且人爲名利，雖死不避，雖危不畏。爭名奪利，皆挾自私爲心，故內儲說上云：「凡民之有爲也，非名之，則利之也。」此不僅世人爲然，卽君臣之義，父子之親，夫婦之情，世人之陌者，無不皆然也。

一、父子自利

「父母之於子也，產男則相賀，產女則殺之，此俱出父母之懷衽，然男子受賀，女子殺之者，慮其後便，計之長利也。故父母之於子也，猶用計算之心以相待也，而況無父子之澤乎！」（六反篇）

「人爲嬰兒也，父母養之簡，子長而怨。子壯盛成人，其供養薄，父母怒而誚之。子父，至親也，而或譙或怨者，皆挾相爲，而不周於爲己也。」（外儲說左上）

韓非以人之自利，卽父子骨肉之情，亦無不權衡其利害，而有偏周不全之愛。如中國家庭，自昔有重男輕女之觀念。父母何以重男輕女？乃父母以男子可爲日後百年之依，女子長而則歸人者也。而即親子之間，子之供親不孝，父之養子不周，則互相怨誚，未能無條件相愛，此人性自私之眞情流露。父子乃骨肉至親，而猶以是心相蓄，天下焉有不自私者乎？

二、夫妻自利

「夫妻者，非有骨肉之恩也，愛則親，不愛則疏。語曰：其母好者，其子抱。然則其爲之反也，其母惡者，其子釋。丈夫年五十，而好色未解也；婦人年三十，而美色衰矣，以衰美之婦人，事好色之丈夫，則身疑見疏賤，而子疑不爲後。此后妃夫人之所以冀其君之死者也。唯母爲后，而子爲主，則令無不行，禁無不止，男女之樂，不減於先君，而擅萬乘不疑，此鴆毒扼昧之所以用也。」（備內篇）

「鄭君已立太子矣，而有所愛美女，欲以其子爲後。夫人恐，因用毒藥賊君，殺之。」（內儲說下）

「衞人有夫妻禱者，而祝曰：使我無故，得百束布。其夫曰：何少也？對曰：益是，子將以買妾。」（內儲說下）

在人倫中，夫妻有居室之義，至親暱者也。然夫妻之間，亦莫不以利相窺。如色好則愛篤，色衰則愛弛。得愛則其子見愛，失愛則其子見離。故后妃恐其懼疏，懼子不爲後，而弒君鴆毒之患不絕。

而匹婦碌碌，寧守清貧，不欲所愛者驟富，懼其夫富而有異心，而愛另有所屬也。此親暱如夫妻者之自私也。

三、君臣自利

「夫君臣，非有骨肉之親，正直之道，可以得利，則臣盡力以事主；正直之道，不可以得安，則臣私行以干上。明主知之，故設利害之道，以示天下而已矣。」（姦刼弒臣）

「君以計畜臣，臣以計事君，君臣之交計也。害身而利國，臣弗爲也；害國而利臣，君不行也。臣之情，害身無利，君之情，害國無親。君臣也者，以計合者也。」（飾邪篇）

「君臣之利，與相異也，何以明之哉？曰：主利在有能而任官，臣利在無能而得事；主利在有勞而爵祿，臣利在無功而富貴；主利在豪傑使能，臣利在朋黨用私。是以國地削而私家富，主上卑而大臣重，故主失勢而臣得國，主更稱蕃臣，而相室剖符，此人臣之所以譎主便私也。」（孤憤篇）

以韓非之觀點，並無君臣道義之道，悉以利害相計也，有利則君臣之道存，無利則君臣之道沒，故臣盡忠於君，非愛於君也，有利可得也。君敬愛其臣，非惠於臣也，有利於己也。故害身利國，則臣不爲，害國利臣，君不行也。然二者之利又相異，故君欲臣勞臣能，臣欲逸而得事，君欲有功而爵祿，臣欲無功而富貴。君欲臣竭忠盡智，臣欲其朋黨私營。利害相反，背道相馳，故君臣相計，而其禍生矣。

四、世人之自利

「夫買庸而播耕者，主人費家而美食，調錢布而求易者，非愛庸客也，曰：如是耕且深，耨者且熟耘也。庸客致力而疾耕耘，盡巧而正畦陌者，非愛主人也，曰：如是羹且美，錢布且易云也。」（外儲左說上）

「醫善吮人之傷，含人之血，非骨肉之親也，利所加也。輿人成輿，則欲人之富貴；匠人成棺，則欲人之夭死也，非輿人仁，而匠人賊也；人不貴，則輿不售；人不死，則棺不買，情非憎人也，利在人之死也。」（備內篇）

韓非之人性論，純就經驗之所及，故其所言，確是人性中之一部，並非人性之全部。以世人論，傭者雖有爲得利，然義僕事主，不求報償者非無有。醫者圖利，然以仁心濟世之醫者亦非無有。以父子言，重男輕女者固有，男女兼愛者亦多。以夫妻言，色衰愛馳者誠有，白首偕老，相愛彌篤者，世亦不乏其人。以君臣言，君雖不義，臣盡節而死者，史亦有書。故韓非之人性說，實頗偏悖。然其肯定人性之自利，純爲其法術之統治而尋求依據。惟有肯定人性之自利，賞罰法術有效性才能獲得保證，蓋人性有趨利避害之心也。若如主道家之恬淡，儒家之仁義，墨家之兼愛，不求報償，則賞罰如何得施，法術如何得行。而韓非之時，農業社會淳樸人性日見消失，商業社會人性自利日見擴張，故其疾於世憤，欲痛下針砭，非法術無以救世道人心之日陷也。

貳　法治論

韓非以人性爲惡，故主張法治，因爲法有强制性，有公正性。有强制性則人民不敢違法；有公正性，則凡人之違法者，皆得其平而治之。故任法以治國，則國無不治也。玆將其法治之理論，申述如后：

一、法之意義

「法者，憲令著於官府，賞罰必於民心，賞存乎愼法，而罰加乎姦令者也。」（定法篇）

「法者，編著之圖籍，設之於官府，而布之於百姓者也。」（難三篇）

「夫搖鏡則不得爲明，搖衡則不得爲正，法之謂也。」（飾邪篇）

故法之意義，第一爲官府公佈之法令，第二法之主要內容爲賞罰。以明鏡喻法，是言法之不容私姦。以衡喻法，是言法之公正。故法是天下之儀表，用以興功懼暴，是以韓非云：「得爲正，法之謂也。故先王以道爲常，以法爲本。」（飾邪篇）

二、法之重要

「國無常强，無常弱，奉法者强，則國强。奉法者弱，則國弱。」（有度篇）

「故當今之世，能去私曲，就公法者，民安而國治；能去私行，行公法者，則兵强而敵弱。」（有度篇）

「巧匠目意中繩，然必先以規矩爲度，上智捷擧中事，必以先王之法爲比。故繩直而枉木斲，準夷而高科削，權衡懸而重益輕，斗石設而多益寡，故以法治國，擧措而已矣。」（有度篇）

「釋法術而心治，堯不能正一國，去規矩而妄意度，奚仲不能成一輪，廢尺寸而差短長，王爾不能半中。使中主守法術，使匠守規矩尺寸，則萬不失矣。君人者，能去智巧之所不能，守中拙之所萬不失，則人力盡而功名立。」（用人篇）

故法律者，國家之規矩繩墨也。故法之於國，不可一日或無，無則失其治事之中準也。如國無法，君主任心術而治，遂己之好惡，此亂天下之道。故繩誠陳，則不可欺以曲直；規矩誠設，則不可欺以方圓；法律誠設，則不可欺以詐僞。故上主之任心治，不如中主之守法治。故韓非一再以爲奉法者强，廢法者弱也。

三、法之效用

「故以法治國，擧措而已矣。法不阿貴，繩不撓曲。智者弗能辭，勇者弗敢爭。刑過不避大臣，賞善不遺匹夫。故矯上之失，詰下之邪。治亂絕繆，絀羨齊非，一民之軌莫如法。屬官威民，退淫殆，止詐僞，莫如刑，刑重則不敢以貴易賤；法審則上尊而不侵。」（有度篇）

「聖人者，審於是非之實，察於治亂之情也。故其治國也，正明法，陳嚴刑，將以救群生之亂，去天下之禍，使强不陵弱，衆不暴寡，耆老得遂，幼孤得長，邊境不侵，君臣相親，父子相保，而無死亡係虜之患，此亦功之至厚者也。」（姦刼弑臣）

「古者先王盡力於親民，加事於明法，彼法明則忠臣勸，罰必則邪臣止。忠勸邪止，而地廣主尊者，秦是也。群臣朋黨比周，以隱正道，行私曲而地削主卑者，山東是也。」（飾邪篇）

故法律之效用，在正是非，明功過，勸善止惡，是非正，功過明，善惡勸，則强不敢凌弱，衆不敢暴寡，使民各得遂其生也。民各遂其生，然後君臣之道正，父子之道和，上下之道治。故法乃救群生之亂者也。設無法，則是非不正，功過不明，下以凌上，衆以暴寡，善者不得勸，過者不得罰，此天下所以亂也。

四、法之要件

韓非乃集法家之大成，故法至於非，大要已備。較古之刑法，含階級性與秘密性者不同。故其論法之要件大要如后：

㈠公正性

「故明主使其群臣，不遊意於法之外，不爲惠於法之內，動無非法，法所以凌過遊外私也。」（有度篇）

「故明主使法擇人，不自擧也；使法量功，不自度也；能者不可弊，敗者不可飾，譽者不能進，非者弗能退，則君臣之間，明辯而易治。」（有度篇）

「明主之國，令者，言最貴者也；法者，事最適者也。言無二貴，法不兩適，故言行不軌於法者必禁。」（問辯篇）

「人主使人臣，雖有智能，不得背法而專制。雖有賢行不得踰功而先勞，雖有忠信，不得釋法而不禁。此之謂明法。」（南面篇）

「明主之國，官不敢枉法，吏不敢爲私，貨賂不行，境內之事，盡如衡石也。」（八說篇）

故法律之要件，首在公正，法律之前，人人平等，王子犯法，庶民同罪。故法無兩適，不惠內過外，一準於法。不昧於私智，不弊於巧飾，量功擇人，以法爲度。此與古之刑不上大夫，賞不下庶人者，大異其趣。故法之公正，正如衡石之懸也。

㈡適宜性

「治民無常，唯法爲治。治與時轉則治，治與世宜則有功。故民樸而禁之以名則治，世知而維之以刑則從，時移而法不易者亂，能衆而禁不變者削，故聖人之治民也，法與時移，而禁與能變

。」（心度篇）

「上古競於道德，中世逐於智謀，當今爭於氣力……夫古今異俗，新故異備，如欲以寬緩之政，治急世之民，猶無轡而御悍馬，此不知之患也。」（五蠹篇）

「不知治者，必曰：無變古，無易常，聖人不聽，正治而已。然則古之無變，常之無易，在常古之可與不可。伊尹毋變殷，太公毋變周，則湯武不王矣。管仲毋易齊，郭偃勿更晉，則桓文不霸矣。」（南面篇）

故法律當隨時代而更易，時代變更，法必須變更。否則膠柱鼓瑟，窒礙難行。此與儒家法先王之政不同。孟子曰：「不可法於後世者，不行先王之道也。」（離婁上）。法家之主張，適與之異，故孟主法先王，荀主法後王。韓者荀之徒，亦言先王之不足法。故曰：「法與時轉則治，治與事宜則有功。」否則執一成不變之法。何以能適應當今之時代乎？

㈢固定性

「法莫如一而固，使民知之。」（五蠹篇）

「工人數變業，則失其功；作者數搖徙，則亡其功。……凡法律更則利害易，利害易則民務變，民務變之謂變業。故以禮觀之，事大衆而數搖之，則少成功；藏大器而數徙之，則多敗傷；烹小鮮而數撓之，則賊其澤；治大國而數變法，則民苦之，是以有道之君，貴靜而不重變法。」（解老篇）

「晉之故法未息，而韓之新法又生，先君之令未收，而後君之令又下，申不害不擅其法，不一其憲令，則姦多，故利在故法前令則道之；利在新法後令則道之。利在故新相反，前後相悖，則申不害雖十使昭侯用術，而姦臣猶有所譎其辭矣。故託萬乘之勁韓，十七年而不至於霸王者，雖用術於上，法不勤飾，於官之患也。」（定法篇）

「好以智矯法，時以私離公，法禁變易，號令數下者，可亡也。」（亡徵篇）

法雖因時變易，然情勢未變，若法則不可朝令夕改。朝令夕改，則民無所適從。同時舊法未息，新法不可再生，若新法舊法同時施行，不能固一其憲令，則前後相悖，民得藉故譎辭以亂法。故法之適宜性與固定性二者並行不悖，變者求其適，守者求其安。不當變而變，不當更而更，則法之本搖矣。法搖則民亂也。

㈣平易性

「明主立可爲之賞，設可避之罰……故賢者勸賞，而不見子胥之禍，不肖者少罪，而不見傴剖背。盲者處平而不遇深谿，愚者守靜而不陷險危，如此則上下之恩結矣。」（用人篇）

「明主之表易見，故約立；其敎易知，故言用；其法易爲，故令行。」（用人篇）

「察士然後能知之，不可以爲令，夫民不盡察。賢者然後而行之，不可以爲法，夫民不盡賢。」（八說）

「盡思慮，揣得失，智者之所難也。無思無慮，挈前言而責後功，愚者之所易也。明主操愚者

之所易，不責智者之所難，故用力寡而功名立。」（觀行篇）

「微妙之言，上智之所難知也。今爲衆人之法，而以上智之所難知，則民無從識之矣。」（五蠹篇）

法律之條文，令於衆民者也。而天生衆民，中材多而上材少，凡民多而賢者少。故法之制定，宜適於大衆之易知易行。故法意不可艱澀難知，令約不可艱險難行，若民難知難行，雖有法，猶若無法。蓋民不知難行則陷法者衆，陷法者衆，是上之陷民於刑也。焉有在上者，故制難行之法而令民陷者乎？此則是網民也。

㈤强制性

「今有不才之子，父母怒之弗爲改，鄉人譙之弗爲動，師長教之弗爲變，夫以父母之愛，鄉人之行，師長之智，三美加焉，而終不動其脛毛不改。州部之吏，操官兵，推公法，而求索姦人，然後恐懼，變其節，易其行矣。故父母之愛，不足以敎子，必待州部之嚴刑者，民固驕於愛聽於威矣。」（五蠹篇）

「聖人之治國，不能恃人之爲吾善也，而用其不得爲非也。恃人之爲吾善也，境內不什數，用人不得爲非，一國可使齊。爲治者用衆而舍寡，故不務德而務法。夫必恃自直之箭，百世無矢矣，恃自圜之木，千世無論矣。自直之箭，自圜之木，百世無有一，然而世皆乘車射禽者何也。隱栝之道用也。雖有不恃隱栝，而有自直之箭，自圜之木，良工弗貴也。何則？乘者非一人，射者非一發也。不恃賞罰而恃自善之民，明主弗貴也，何則？國法不可失，而所治非一人也。故有術之君，不隨適然之善，而行必然之道。」（顯學篇）

故法律之要件，必有强制性，法無强制性，則不可齊一以治民。蓋民性不齊，善者固可自動守法，而惡者則必待强制而歸於善也。民性好惰，必待鞭策，民性知趨害避禍，故必待賞罰。此如良馬必待轡銜，良弓必待隱栝，天下之民，自動而守法者百不得一，此恃感化不足以爲治，必待法之强制也。

五、法之施行

法律爲固定之條文，故曰：「徒法不能以自行。」故法律之施行，必在人主之信賞必罰。爲之輔佐，方能使法之條文得以有效之推行。再者，韓非崇法治而抑人治，以爲法治可常有，而人治不常有也。故法之推行，一在信賞必罰，一在崇法治而抑人治。

㈠信賞必罰

「凡治天下，必因人情，人情有好惡，故賞罰可用，則禁令立，而治道具矣。」（八經篇）

「明主之道則不然，設民所欲，以求其功，故爲爵祿以勸之；設民所惡，以禁其姦，故爲刑賞以威之。」（難一篇）

「賞莫如厚而信，使民利之；罰莫如重而必，使民畏之；法莫如一而固，使民知之。故主施賞

不遷，行誅無赦，譽輔其賞，毀隨其罰。則賢不肖俱盡其力矣。」（五蠹篇）

「夫欲利者必惡害，害者，利之反也。反於所欲，焉得無惡。欲治者必惡亂，亂者，治之反也。是故欲治甚者，其賞必厚矣；惡亂甚者，其罰必重矣。」（六反篇）

人情有趨利避害之心，故賞罰之道可用。人之情，莫不欲得慶賞，莫不欲避嚴罰。故人主因人之情，制以爵祿，以爲慶賞；立以嚴罰，以爲禁令。守法者重賞，違法者嚴罰，則法之推行無礙矣。然賞之必以信，不信則民不勸；罰之必以必，不必則民不畏。故外儲說左下云：「賞罰不信，則禁令不行也。」

(二)崇法抑人

儒家重人治，故重仁義道德，以爲有賢知之君，方足以爲治。否則徒恃良法，不得其人，仍不免於亂。法家反是，確認法治之可貴，因爲人性自私、性惡，故人治不足恃，蓋賢人難求，百世不得一見。故人治難爲準，法治可永久。故崇法治而抑人治。

「且夫堯舜桀紂，千世而一出，反是比肩隨踵而生也。世之治者，不絕於中，吾所以爲言勢者中也。中者，上不及堯舜，而下亦不爲桀紂，抱法處勢則治，背法去勢則亂。今廢勢背法而待堯舜，堯舜至乃治，是千世亂而一治也。抱法處勢而待桀紂，桀紂至乃亂，是千世治而一亂也。且夫治千而亂一，與治一而亂千也，是猶乘驥駬而分馳也，相去亦遠矣。」（難勢篇）

「道法萬全，智能多失，夫懸衡而知平，設規而知圓，萬全之道也。明主使民飾於法，知道之

故，故佚而有功。釋規而任巧，釋法而任智，惑亂之道也。亂主使民飾於智，不知道之故，故勞而無功。」（飾邪篇）

「聖人之道，去巧與智，智巧不去，難以爲常。」（揚推篇）

此言人主之道，當恃法治，不恃人治。法立而中主守之，天下可常治，法不立而任賢知，賢知不常得，則天下久亂。故忠孝篇曰：「今夫上賢任智無常，逆道也，而天下常以爲治。是故田氏奪呂氏於齊，戴氏奪子氏於宋，此皆賢且智也，豈愚且不肖乎？是廢常上賢則亂，舍法任智則危，故曰上法而不上賢。」

叄　政治論

韓非乃集法家之大成，故其論爲政之道，偏重法治。而所以行法之道，則端賴政治力量之推行，故其對君主行法之道，有任權勢，重法術，嚴賞罰，覈名實，君主能行此四道，則政清刑正，此治政之大端也。

一、任權勢

君主欲推行法治，法治之推行，不同於禮治。禮治者，其重在教化，由教化以達移風易俗。韓非之時代，禮教墮壞，人心日非，故其去禮俗而任法治。法治者，有强制性，欲强人民齊一於法，非君主有强有力之威勢，不足以行之，故在其政治論中，特別强調君主權勢之重要。

㈠勢之重要

「愼子曰：飛龍乘雲，騰蛇遊霧，雲罷霧霽，而龍蛇與螾螘同矣，則亦失其所乘也。故賢人而詘於不肖者，則輕權位卑也，不肖而能服賢者，則權重位尊也。堯爲匹夫，不能治三人，而桀爲天子，能亂天下，吾以此知勢位足恃，而賢者不足慕也。夫弩弱而矢高者，激於風也，身不肖而令行者，得助於衆也。堯教於隸屬，而民不聽，至於南面王天下，令則行，禁則止，由此觀之，賢智未足以服衆，而勢位足以詘賢者也。」（難勢篇）

「夫有材而無勢，雖賢不能制不肖，故立尺材於高山之上，而下臨千仞之谿，材非長也。位高也。桀爲天子，能制天下，非賢也，勢重也。堯爲匹夫，不能正三家，非不肖也，位卑也。千鈞得船則浮，錙銖失船則沉，非千鈞輕而錙銖重也，有勢之與無勢也。故短之臨高也以位，不肖之制賢亦以勢。」（功名篇）

儒家主張禮治，故任賢；禮治在教化，賢者能修己以治人，故主張正身以齊人。故曰：「道之以德，齊之以禮，有恥且格。」法家主張法治，法治欲齊民於法，法者，固定之條文，民未必能守之，故君主必有威勢，齊民之不得不然。此所以「堯爲匹夫，不能治三家，桀爲天子能治天下也。」故八經篇云：「勢者，勝衆之資也。」

㈡勢之效用

「聖人之治國也，固有使人不得不為我之道，而不恃人之以愛為我也。恃人之以愛為我者危矣，恃吾不可不為者安矣，夫君臣非有骨肉之親，正直之道，可以得利，則臣盡力以事主，正直之道，不可以得安，則臣私行以干上，明主知之，故設利害之道，以示天下而已矣。夫是以人主雖不口教百官，不目索姦衺，而國已治矣。……故善任勢者國安，不知因其勢者國危。」（姦刼弒臣）

「敵國之君王雖說吾義，吾弗使入貢而臣，關內之侯雖非吾行，吾必使執禽而朝，是力多則人朝，力寡則朝於人。故明君務力。夫嚴家無悍虜，而慈母有敗子，吾以此知威勢可以禁暴，而德厚不足以止亂也。」（顯學篇）

「民者，固服於勢，寡能懷於義。仲尼，天下聖人也，修行明道，以遊海內，海內說其仁，美其義，而為服役者七十人。蓋貴人者寡，能義者難也。故以天下之大，而為服役者七十人，而為仁義一人。魯哀公，下主也。南面君國，境內之民莫敢不臣。民者，固服於勢，勢誠易以服人。」（五蠹篇）

「萬乘之主，千乘之君，所以制天下而征諸侯者，以其威勢也。威勢者，人主之筋力也。」（人主篇）

韓非以人性自利，欲望無涯，難期其必爲善，雖父子之親，猶不足化之，何況君臣無骨肉之親乎？故君臣之御臣民，必以權勢。權勢乃人主之筋力，可以止人之行私，可以止人之不我叛，不我欺，故難勢篇云：「勢者，便治而利亂者也。」

㈢勢不可分

「權勢不可借人，上失其一，下以爲百。故臣得借則力多，力多則內外爲用，內外爲用則人主壅。」（內儲說下）

「勢重者，人主之淵也，臣者，勢重之魚也。魚失於淵而不可復得也。人主失其勢重於臣，而不可復收也。」（內儲說下）

「有主名而無實，臣專而行之，周天子是也。偏借其權勢，則上下易位矣，此言人主之不可借權勢也。」（備內篇）

「人主之所以身危國亡者，大臣太貴，左右太威也。所謂貴者，無法而擅行，操國柄而便私者也。所謂威者，擅權勢而輕重也。此二者，不可不察也。」（人主篇）

此韓非以權勢當爲君主所獨有，與近代主權在君之學說相侔。然而君主之統治權，絕不可假借於臣下，因爲人性自私，權力在手，則不顧輕放。而權勢操於臣下之手，則臣主易位，而國亡可得矣。若周室之天子，權力分於諸侯，故周室衰。故亡徵篇云：「凡人主之國小而家大，權輕而臣重者，可亡也。」又云：「大臣兩重，父兄衆强，內黨外援以爭勢者，可亡也。」

二、任法術

所謂法術，乃求治之方法，術者，處事之訣竅也。法者，爲公開之法則，乃臣民所奉行。術者，私秘之權謀，乃君主所獨擅。換言之，卽君主統御臣民之法術。故法術勢三者，乃法家之主要內涵。各有其作用。法者，行爲之公準，勢者，君主之權力；所以行法者也。術者，君主駕御臣下之道。三者不可一無。無勢不能行法，無術不足御臣下。故外儲說右下云：「國者，君之車也；勢者，君之馬也。無術以御之，身雖勞，猶不免於亂。有術以御之，身處佚樂之地，又致帝王之功也。」

㈠術之意義

「術也者，因任而授官，循名而責實，操殺生之柄，課群臣之能者也。」（定法篇）

「術者，藏之於胸中，以偶衆端，而潛御群臣者也。故法莫如顯，而術不欲見。」（難三篇）

「術也者，主之所以執也；法也者，官之所以師也。」（說疑篇）

故法術之別，法之對象爲一般臣民，術專爲臣而設；法爲臣民所共守，術則爲君主所獨用。法爲公佈周知之條文，術則爲隱秘之政治手段。然二者合則其效顯，分則其弊見，故必相輔相成。

㈡法術相輔

「君無術則弊於上，臣無法則亂於下，此不可一無，皆帝王之具也。問者曰：徒術而無法，徒法而無術，其不可何哉？對曰：申不害，韓昭侯之佐也。韓者，晉之別國也。晉之故法未息，而韓之新法又生，先君之令未改，而後君之令又下。申不害不擅其法，不一其憲令，則姦多，故利在故法前令則道之，利在新法後令則道之，新故相反，前後相悖，則申不害雖十使昭侯用術，而姦臣猶有所譎其辭矣。故託萬乘之勁韓，十七年而不至於霸王者，雖用術於上，法不勤飾於官之患也。公孫鞅之治秦也，設告坐而責其實，連什伍而同其罪，賞厚而信，罰重而必，是以其民用力勞而不休，逐敵危而不卻，故其國富而兵強，然而無術以知姦，則其富強亦資人而已矣。及孝公商君死，惠王即位，秦法未敗也，而張儀以秦殉韓魏。惠王死，武王即位，甘茂以秦殉周。武王死，昭襄王即位，穰侯越韓魏而東攻齊，五年而秦不益一尺之地，乃成其陶邑之封。應侯攻韓八年，成其汝南之封。自是以來，諸用秦者，皆應穰之類也。故戰勝則大臣尊，益地則私封立，主無術以知姦也。商君雖十飾其法，人臣反用其資，數十年而不至於帝王者，法雖勤飾於官，主無術於上之患也。」（定法篇）

故有術無法，則憲令不一，臣民無所遵守。而姦臣得藉辭以釋法。此申不害有術無法之缺也。商鞅重法，而主不任術，故秦雖富強，而大臣得以其富強爲己有，得地則國不益，而臣下坐大，此主上無術以知天下之姦也。故韓非書中，每法術並擧者，此道也。

「操法術之數，行重罰嚴誅，則可以致霸王之功。」（姦刼弑臣）

「明主之道，一法而不求智，固術而不慕信。」（五蠹篇）

「辭辯而不法，心智而無術，主多能而不法度從事者，可亡也。」（亡微篇）

「主用術，則大臣不得擅斷，近習不敢賣重；官行法，則浮萌趨於耕農，而游士危於戰陳。」（和氏篇）

㈢行術之要

韓非以行術之要，以無爲爲綱，隱秘爲爲上。無爲則守法責成，事不躬親，隱秘則群臣難測，掩情匿端。然後使明君無爲於上，群臣悚懼於下，有功，則君得其賢名，有過則臣任其罪者也。

1術主無爲

「有智而不以慮，使萬物知其處；有行而不以賢，觀臣下之所因；有勇而不以怒，使群臣盡其武。是故去智而有明，去賢而有功，去勇而有強，群臣守職，百官守常，是謂習常。」（主道篇）

「權不欲見，素無爲也。事在四方，要在中央，聖人執要，四方來效。虛而待之，彼自以之……夫物者有所宜，材者有所施，各處其宜，故上乃無爲。使雞司夜，令狐執鼠，皆用其能，上乃無事。」（揚搉篇）

「明君之道，使智者盡其慮，而君因以斷事，故君不窮於智；賢者效其材，故君不窮於能；有功則君有其賢，有過則臣任其罪，故君不窮於名。是故不賢而爲賢者師，不智而爲智者正。臣有其勞，君有其成功，此之謂賢主之經也。」（主道篇）

「揣中則私勞，不中則任過。下君盡己之能，中君盡人之力，上君盡人之智。是以事至而結智

，一聽而公會。」（八經篇）

此君主無為之道也。故君主不任己智，而任臣智，任己智則智常竭。君主不任己能，而任臣能，任己能則能常窮。君任臣智，臣智衆多，君任臣能，臣能萬有，君集衆智衆能，而下以己斷，如此則智成則君有其賢，能敗則臣不辭過。此君主用衆之術也。

2 掩情匿端

「人主者，利害之招轂也；射者衆，故人主共矣。是以好惡見，則下有因，而人主惑矣；辭言通，則臣難言，而主不神矣。」（外儲說右上）

「君無見其所欲，君見其所欲，臣將自雕琢；君無見其意，君見其意，臣將自表異；故曰：去好去惡，臣乃見素；去舊去智，臣乃自備。」（主道篇）

「函掩其跡，匿其端，下不能原。去其智，絕其能，下不能意，保吾所以往而稽同之，謹執其柄而固握之，絕其望，破其意，毋使人欲之。」（主道篇）

「君先見所賞，則臣鬻之以為德；君先見其罰，則臣鬻之以為威。故曰：國之利器，不可以示人。」（內儲說下）

此言君之喜怒好惡，不可讓臣下先知之。臣下知君之喜怒，好惡，則必迎合之，迎合則姦生。故君主御臣之術，掩其喜怒之情，好惡之見，讓臣下得表其心跡。臣之心跡既表，則君能洞悉臣之所藏於心者，然後有術以防之者也。此掩情匿端之道，君之所以御臣者也。

三、覈名實

韓非重術，實則所謂術者，即循名責實，因任授官。故術之所施之對象，即名實。謂以術覈群臣之名實也。此君主考察政績之道，必使群臣言行相合，名實相符。以言爲名，則事爲形，事必與言相合。以賞爲名，則功爲形，賞必當功。以罰爲名，則罪爲形，罰必當其罪。以官位爲名，則職務爲形，職務必與官位相稱也。

「故群臣陳其言，君以其言授其事，以其事責其功，功當其事，事當其言則賞；功不當其事，事不當其言則誅。明君之道，臣不得越官而有功，不得陳言而不當。」（主道篇）

「人主將欲禁姦，則審合形名，形名者，言與事也。……故群臣言大而功小者，則罰，非罰小功也，罰功不當名也。群臣其言小而功大者，亦罰，非不說於大功也，以爲不當名之害甚於有大功，故罰。」（二柄篇）

「人主雖使人，必以度量準之，以形名參之，事遇於法則行，不遇於法則止，功當其言則賞，不當其言則誅，以形名收臣，以度量準下，此不可釋也。」（難二篇）

故韓非以爲形名之術，實衆術之基，惟有因其名以責其實，則臣下不敢爲妄。君主方有術以駕之御之。同時因爲責其名實，則賞不濫，而罰不妄。此綜覈名實之功，惟行之之道，一曰虛靜之道，一曰參伍之術。

㈠虛靜之道

「用一之道，以名爲首，名正物定，名倚物徙。故聖人執一以靜，使名自命，令事自定。不見其采，下故素正。因而任之，使自事之。因而予之，彼將自舉之。正與處之，使皆自定之。上以名舉之，不知其名，復修其形，形名參同，用其所生，二者誠信，下乃貢情。」（揚搉篇）

「故虛靜以待令，令名自命也，令事自定也。虛則知實之情，靜則知動者正。……人主之道，靜退以爲寶。不自操事，而知拙與巧；不自計慮，而知福與咎。是以不言而善應，不約而善會。言已應，則執其契；事已會，則操其符；符契之所合，賞罰之所生也。」（主道篇）

人主欲綜覈名實，必行虛靜之道。所謂虛者，能參與衆也；所謂靜者，人主不自操事也。能參驗衆言，參驗衆事，則名實之不得妄也。主不自操事，專其任而責其職，有功則君有其賢，有過則臣當其罪。若君任臣而自操事，則有功臣當受其賞，有過則臣可辭其非，此擾亂名實之道也。故有道之君，虛靜自守，不自操事，不自計慮，而事自定矣。

㈡參伍之行

「參伍之道，行參以謀多，揆伍以責失。行參必折，揆伍必怒，不折則瀆上，不怒則相和。折之徵，足以知多寡；怒之前，不及其衆。觀聽之勢，其徵在比周而賞異也，誅毋謁而罪同。言會衆端，必揆之以地，謀之以天，驗之以物，參之以人，四徵者符，乃可以觀矣。」（八經篇）

「明君之道，賤得議貴，下必坐上，決誠以參，聽無門戶，故智者不得詐欺。計功而行賞，程

能而授事，察端而觀失。有過者罪，有能者得，故愚者不任事，智者不敢欺，愚者不得斷，則事無失矣。」（八說篇）

韓非參伍術，謂欲證形名，覈名實。必多方咨詢意見，是謂參行，亦必多方考察情僞，是謂揆伍。參行揆伍而後名實得。故上考之於天，下徵之於地，中揆以人物，又使百吏決誠以參，貴賤相議，因參驗以任人，因參驗以行賞罰，則左右近習之臣，不敢欺於己，不敢以惑主。是以臣得陳忠不蔽，百官不敢貪妄以漁下，此參伍之道也。

四、嚴賞罰

法家欲行法治，覈名實，其達成此目標唯一手段，即是賞罰。韓非書中，論賞罰之道，幾無篇無之。論者以爲其慘而寡恩，不知此爲其行法唯一法寶，若無賞罰。法律皆將成爲具文。故二柄篇曰：「明主之所以道制其臣者，二柄而已矣。二柄者，刑德也。何謂刑德，殺戮之謂刑，慶賞之爲德。爲人臣者，畏誅罰而利慶賞，故人主自用其刑德，則群臣畏其威而歸其利矣。」玆將其賞罰之道，析之如后：

㈠賞罰之權

「賞罰者，利器也。君操之以制臣，臣得之以壅主。」（內儲說下）

「賞罰者，邦之利器也，在君則制臣，在臣則勝君。」（喻老篇）

「夫虎之所以能服狗者，爪牙也。使虎釋其爪牙而狗用之，則虎反服於狗矣。人主者，以刑德制臣者也；今君人者，釋其刑德而使臣用之，則君反制於臣矣。」（二柄篇）

此言賞罰之權，應操於君，而不可於臣共，與臣共之，則主失其威，臣得其勢，權力制上，法術之道，無所以行，惟君獨擅賞罰之權，方可制天下行其道也。

㈡賞罰準則

「審治亂於法術，託是非於賞罰，屬輕重於權衡……不引繩之外，不推繩之內，不急法之外，不緩法之內。」（大體篇）

「利之所在，民歸之；名之所彰，士死之。是以功外於法而賞加焉，則上不能得所利於下；名外於法而譽加焉，則士勸名而不畜於君。」（外儲說左上）

此言賞罰之準則，以法爲準。法之所定，必賞之。法之所罰，必誅之。不喜以賞，怒以罰。故有度篇亦云：「明主使其群臣，不遊意於法之外，不爲惠於法之內，動無非法，法所以凌過遊外私也。」

㈢賞罰以公

「誠有功，則雖疏賤必賞；誠有過，則雖近愛必誅。疏賤必賞，近愛必誅，則疏賤者不怠，而近愛者不驕也。」（主道篇）

「刑過不避大臣，賞善不遺匹夫。」（有度篇）

「明主之道，必明於公私之分。明法制，去私恩。」（飾雅篇）

此言賞罰應平等公正。凡違法者，不分親疏貴賤，一以法繩之。行公法，去私曲，無過無偏，故有度篇云：「法不阿貴，繩不撓曲。」

㈣治亂重罰

「古之善守者，以其所重，禁其所輕；以其所難，止其所易，故君子與小人俱正。」（守道篇）

「公孫鞅之法也，重輕罪，重罪者，人之所難犯也。而小過者，人之所易去也。使人去其所易，無離其所難，此治之道。夫小過不生，大罪不至，是人無罪，而亂不生也。」（內儲說）

「賞莫如厚，使民利之；譽莫如美，使民樂之；誅莫如重，使民畏之；毀莫如惡，使民恥之。」（八經篇）

韓非以爲治亂世，必須用重典。韓非主張用重刑，乃在以其所重，止其所輕，使民畏誅而不犯法，殺一可以收儆百之效也。

肆　富强論

法家之學，其追求之唯一目標，在圖國家之富强。由於人性自利，國與國之間，各自爲謀，放利而行，轉相侵伐，故無道義可言。是以法家論政，多重強國，尙權力，君主治國，必內使國富而民治，外有強力以足禦侮，然後才能措國家於磐石之安，峙立於國際之林。玆析其富強論如后：

一、務力之國家觀

「敵國之君王，雖說吾義，吾弗入貢而臣。關內之侯，雖非吾行，吾必使執禽而朝，是故力多則人入朝，力寡則朝於人，故明君務力。」（顯學篇）

「君人者，國小則事大國，兵弱則畏強兵，大國之所索小國必聽；強兵之所加，弱兵必服。」（八姦篇）

「上古競於道德，中世逐於智謀，當今爭於氣力。」（五蠹篇）

國際間之往還，旣以利害爲前提，故強權爭執，唯在一力字。力多不必有德，而強國請服，弱國入朝。力寡雖行仁義，則強國不服，弱國不朝，而必受制於強者。故國家以力是尙。

二、勵耕戰以強國

「富國以農，距敵恃卒，而貴文學之士，治強不可得也。」（五蠹篇）

「夫好顯巖穴之士而朝之，則戰士怠於行陳；上尊學者，下士居朝，則農夫惰於田。戰士怠於行陳者，則兵弱也；農夫惰於田者，則國貧也。兵弱於敵，國貧於內，而不亡者，未之有也。

」（外儲說左上）

「今境內之民皆言治，藏官商之法者家有之，而國愈貧，言耕者衆，執耒者寡也。境內皆言兵，藏孫吳之書者家有之，而兵愈弱，言戰者多，被甲者少也。故明主用其力，不聽其言；賞其功，必禁無用。」（五蠹篇）

法家之學，以尚農强兵爲主。古代以農立國，農民爲國家之主要財源。故唯有使民皆勸於農，然後國才可富，此農民爲內政之本。至於對外，欲拒强敵，覇諸侯，則非兵强士鍊，不足以達之，故戰士爲强國之基礎。人主必務此二者，然後國富衆强。

三、禁游俠與儒士

「國平養儒俠，難至用介士，所利非所用，所用非所利，是故服事者簡其業，而游學者日衆。是世之所以亂也。」（五蠹篇）

「今世主察無用之辯，尊遠功之行，索國之富强，不可得也。博習辯智如孔墨，孔墨不耕耨，則國何得焉？修孝寡欲如曾史，曾史不戰攻，則國何利焉。匹夫有私便，人主有公利，不作而養足，不仕而名顯。此私便也。息文學而明法度，塞私便而一功勞，此公利也。」（八說篇）

「儒以文亂法，俠以武犯禁，而人主兼禮之，此所以亂也。夫離法者罪，而諸先王以文學取；犯禁者誅，而群俠以私劍養；故法之所非，君之所取；吏之所誅，上之所養也。法趣上下，四

相反也，而無所定，雖有十黃帝不能治也。故行仁義者非所譽，譽之則害功，工文學者非所用，用之則亂法。」（五蠹篇）

韓非崇法治，尚農戰。故以儒俠文學之士，皆蠹民者也。儒者文學之士，崇尚仁義，鼓其如簧之舌，非覩法治；俠者恃其武力，行俠仗義，以干法禁，皆亂民也。然世崇之，此亂天下之道也。

四、勵法治以圖强

「治强不可責於外，內政之有也。今不行法術於內，而事智於外，則不至於治强矣。」（五蠹篇）

「使周衞緩其從衡之計，而嚴其境內之治，明其法禁，必其賞罰，盡其地力，以多其積，致其民死，以堅其城守，天下得其地則其利少，攻其國則其傷大，萬乘之國莫敢自頓於堅城之下，而使强敵裁其弊也。此必不亡之術也。」（五蠹篇）

「有道之主，遠仁義，去智能，服之以法，是以譽廣而名威，民治而國安。」（說疑篇）

故韓法之論治國之道，一言以蔽之，曰以法治國。以法爲本，動無非法。以法治國，猶因規矩而成方圓，設權衡而知輕重。人主惟勵行法治，乃萬全之道。故有度篇云：「國無常强，無常弱，奉法者强，則國强，奉法者弱，則國弱。」

韓非之學，集法家之大成，雖其思想不能完美無缺，如主張極權政治，否定法以外之價值，不承認人際之間有愛存在。論者每以為其慘苛寡恩。然其在政治學上之貢獻與影響者，在先秦諸家中，除儒家外，諸家皆望塵莫及。先秦諸家之學，仍以儒道墨法為大宗。儒家之學，注重禮治，乃以家族主義為背景之教育家。墨家之學，注重兼愛，乃以世界主義為背景之宗教家。道家之學，注重無為，乃以個人主義為背景之哲學家。法家之學，注重法治，乃以國家主義為背景之政治家。故中國政治，言治道之端，雖徑途萬有，然而中國政治，自漢而後，能成為中國政治之主流者，不外禮與法二者而已。禮重教化，導源於儒；法重法治，導源於法；無禮治則不能適人情，無法治則不能齊民治。大概外儒而內法，以儒治為精神，以法治為骨幹，縱觀古今治道，大要以此二者相輔相成也。若韓非者，固亦卓絕今古之政治家也。

參考書目

十三經注疏　孔穎達等　藝文印書館

四書集註　朱熹　世界書局

孔子學說　陳大齊　正中書局

四書道貫　陳立夫　中華書局

孔學管窺　高明

論語今註今譯　毛子水　商務印書館

孔子的道德哲學　葉經柱　正中書局

孟子分類纂註　王偉俠　中華文化事業出版

孟子政治思想　陳立夫　中華書局

孟子今註今譯　史次耘　商務印書館

孟子思想與中國文化　張明凱　商務印書館

孔孟學說之啟示　羅聯絡　商務印書館

荀子集解　王先謙　藝文印書館
荀子學說　陳大齊　中華文化事業出版
荀子今註今譯　熊公哲　商務印書館
荀子思想體系　姜尚賢　自印本
荀子哲學綱要　劉子靜　商務印書館
孔孟荀哲學證義　黃公偉　幼獅書店
老子道德經注　王弼　世界書局
帛書老子　河洛圖出版社
老子研究　張起鈞　商務印書館
老子哲學　王邦雄　東大圖書公司
老子學術思想　張揚明　黎明文化事業公司
莊子纂箋　錢穆　東南印書社
莊子學案　郎擎霄　河洛圖書出版社
莊子銓言　封思毅　商務印書館
莊子處世內外觀　劉光炎　學生書局
老莊哲學　吳康　商務印書館

老莊哲學　胡哲敷　中華書局
老莊思想分析　杜善牧著　宋稚青譯　光啟出版社
墨子閒話　孫詒讓　世界書局
墨子學案　方授楚　中華書局
墨子今註今譯　李漁叔　商務印書館
墨子思想之研究　周長耀　正中書局
墨子的人生哲學　薛保綸　中華叢書編審會
墨子政治思想之研究　孫廣德　中華書局
管子纂詁　安井衡　河洛圖書出版社
管子學　張佩綸　商務印書館
管子今銓　石一峯　商務印書館
韓非子集釋　陳奇猷校注　河洛出版社
韓非子集解　王先慎　商務印書館
韓非子校釋　陳啟天　商務印書館
韓非子析論　謝雲飛　東大圖書公司
諸子考釋　梁啟超　中華書局

諸子學述 羅焌 河洛圖書出版社
諸子通考 蔣伯潛 正中書局
諸子學纂要 蔣伯潛 正中書局
諸子通考 姚永樸 廣文書局
諸子論略 尹桐陽 廣文書局
諸子巵言 江瑔 文海出版社
經子解題 呂思勉 商務印書館
諸子概論 陳柱 商務印書館
先秦諸子繫年 錢穆 香港大學
先秦諸子導讀 徐文珊 幼獅書店
諸子學概要 吳康 正中書局
中國古代哲學史 胡適 商務印書館
中國思想史 錢穆 中華文化事業出版
中國哲學史 馮友蘭 香港大學
先秦政治思想史 梁啟超 中華書局
中國思想史 韋政通 大林出版社

中國歷代思想家　王壽南編　商務印書館
中國哲學史話　張起鈞　自印本
先秦諸子學　嵇哲　洪氏出版社
論衡校釋　黃暉　商務印書館
呂氏春秋集釋　許維遹　世界書局
淮南子　高誘注　世界書局
列子注　張湛　世界書局
史記　司馬遷　藝文印書館
漢書　班固　樂天書局